戦争孤児

「駅の子」たちの思い

本庄豊［著］
Honjo Yutaka

新日本出版社

はじめに

「戦争はぜったいやってはいけない」

「子どものけんかと戦争はちがう」

「私のような惨めなものを二度と生み出してはならない」

「いま戦争をする、しないなど議論されている。だからこそ、子どもたちに戦争のほんとうの姿を知ってほしい」


七〇年前、戦争孤児として京都駅で暮らした体験を持つ奥出廣司《おくでひろし》さん（当時六歳。二〇一六年一月現在、七七歳で、京都府宇治市で鉄板焼店を営んでおられる）が、筆者に語った言葉である。奥出さんのメッセージは、二〇一五年七月から九月にかけ、テレビやラジオ、新聞など多くのメディアを通して、全国に伝えられた。

二〇一五年八月一五日の「終戦」の日、朝七時のNHK番組（「おはよう日本」）は、最初のニュースとして安倍晋三首相の「戦後七〇年談話」を取り上げたが、同時に、最後の九分間で奥出さんのインタビューを放映した。番組は、中学生に自らの体験について語る奥出さんの様子や、奥出さんが収容されていた京都府の戦争孤児一時保護施設「伏見寮」の歌「伏見寮の夢」（詞・川崎国之助、曲・森川康雄）の録音テープなども次つぎと紹介した。関連して筆者も取材を受け、番組では、戦争孤児について子どもたちに教える意味についてコメントした内容が、ＶＴＲで流された。

奥出さんには、伏見寮にいた記憶がない。けれども、子どものころ聴いたという「伏見寮の夢」は、しっかりと脳裏に焼きついていた。筆者が奥出さんから聞き取りをした際、歌詞が書かれた紙片を渡すと、それを見ながら朗々と歌われた。この歌については第三章で詳しく述べている。

駅で生活していた戦争孤児を意味する「駅の子」という言葉は、京都の戦争孤児を取材するなかで何度か聞いたが、地域的な呼び名だったようだ。だがメディアを通じて、「駅の子」の姿は多くの視聴者に伝わったのではないか。

戦争は、起こすよりも終わらせる方がはるかに難しい。戦闘は終わっても、孤児たちの生きていくための「戦争」、食物を得るための「戦争」は続く。だが、以前には、筆者たち歴史教育者は戦争孤児たちのことを調べたり、平和学習の教材としたりすることはあまりなかった。

敗戦後日本の民主化が進み、平和憲法ができる。そして戦争の傷跡が消え、日本は経済復興を遂げていくという歴史の道筋を骨格にした戦後史学習を筆者は実践してきた。そこには、戦争体験と戦後体験を引き摺りながら生きぬいた、あるいは死んでいった戦争孤児たちの姿はなかったのである。

日本が起こしたアジア太平洋戦争で約二〇〇〇万人が亡くなったといわれる。あの戦争についての痛切な反省のなかで、日本は平和国家として歩んできたはずである。しかし、こんにちの日本で「戦争はやむを得なかった」「日本はアジア解放のために軍を送った」などのとんでもない言説が、大手をふってまかり通るようになった。こうした状況を生み出したのは、侵略戦争を正当化するために歴史の事実を歪める、一部の政治家や学者、右翼的な勢力の責任だ。同時に歴史を研究し教育する立場にある者として自らの努力の不足を筆者は感じている。その足りなかったものの中には、戦争の終結後もその暗い影が人々に影響を与えていたという問題への認識不足もあったのではないかと感じている。

筆者の研究エリアは京都市とその周辺である。戦争孤児の方をなんとか見つけて電話をかけるが、彼ら・彼女らの口は非常に重かった。直接会って話ができたのは五年間で十数人に過ぎない。自分の生い立ちを知られることは、就職や結婚に不利になるかもしれない——そういう時代を生きてきた人たちは、いつしか戦争孤児体験を語らなくなっていったのである。

一方、孤児院の指導員関係者は、筆者に協力的だった。指導員はその多くが故人となっていたが、遺族の方々は存命者も多く、三〇人近くの方が取材に応じてくれた。また、元孤児院だった京都の児童養護施設には、当時の写真などの第一次資料が残されており、筆者の研究をあと押ししてくれた。

奥出さんや第四章に書いた盲目の戦争孤児・小倉勇さんは、長い間、戦争孤児としての体験を語ってこなかった。けれど、二〇一五年九月に行われた安保関連法案の強行採決による可決など、今の日本の政治情勢を見ていると、「これは大変や」（小倉さん）と切実に思うようになり、ついに証言することにしたという。

戦争孤児体験の証言者への最後の質問で、筆者は必ず、「どうして今回戦争孤児だった時の体験を話そうと思ったのですか？」と尋ねることにしている。筆者の質問に対して、奥出さんは、「日本が戦争する、しないなどの話が世間を騒がしている。だから孤児として戦争を体験したぼくが語らないといけないと感じた。ぼくらのようなみじめな者をつくってはならない」と答えた。小倉さんは、安保関連法案にも言及し「日本が戦争をすることができる体制にするこの法案で、また戦争が起こるかもしれない。もう二度と私のような戦争孤児を生みださないでほしい」と述べた。

本書では、戦後を生き抜いた戦争孤児たちの生き様や、亡くなった戦争孤児たちがどん

京都市・本書に出てくる孤児施設など

な中で死んでいったのかを多少なりとも具体的に明らかにしたいと思う。また、本書の出版がきっかけとなり、日本各地で戦争孤児の方々の証言が集められ、日本の平和教育・平和学習の裾野が広がることを強く望むものである。

目次

第一章　駅の子たち

1　空き缶コップを持つ少年

少年がカメラを見つめている。破れた帽子、防寒用の古着の重ね着。敗戦後の国鉄京都駅近くで撮影された一枚の写真から、私たちはさまざまな物語を読み取ることができる。背景には当時の京都七条郵便局の建物（現在は京都タワーホテル）がある。ラクダ印のタバコ缶（銘柄は「キャメル」と推定される）で作られた小さなコップ。取っ手がついている。寒い季節、身体を暖めるための熱い食べ物を入れ、手で持つことができるように、取っ手は不可欠だった。コップはまた、列車から降りてくる客に「物乞い」をするためにもなくてはならないものだった。

第二次世界大戦での日本の敗戦後の一時期、京都駅には数多くの戦争孤児が暮らしていた。もちろん食べ物さえなく、不衛生な生活であり、命を落とす子も少なくなかった。この少年の目の前でも、何人もの駅の仲間が死んでいったはずだ。

筆者の両親は日本の敗戦後、台湾から引き揚げてきた。父は敗戦までは将校で、引き揚げの時は復員軍人を引率していたという。

両親には長男が台湾で生まれたが、生まれて間もなく栄養失調のため亡くなった。その遺骨を封筒に入れ、一九四六年二月、台北から船に乗り、和歌山県田辺港に着いた。検疫

タバコの空き缶で作ったコップを手に京都駅近くで撮影された孤児

を済ませ田辺駅から国鉄に乗車、大阪で乗り換え、父の故郷・大分県杵築《きつき》市に向かった。

その際、梅田駅には数えきれないほどの戦争孤児がいたという話を、筆者は子どもの頃、母から聞いた。栄養失調で弱った孤児たちは立つことすらできず、うつろな目で筆者の母を見つめ、手を出して食料をねだったという。とっておいたわずかばかりの食料を孤児たちに与えた母に、父は、「気持ちはわかるが、きりがない」と先を急いだ。

「駅でね、固いパンの切れ端を渡すと、口にはつけるけど、飲み込めずにその場で死んでいくんです。子どもたちを犠牲にする『聖戦』が嘘だと気づいたのは戦争が終わってからでした」

母はよく戦争孤児の話をしてくれた。筆者が近年、戦争孤児について調べる背景にあったのは母の話した戦争孤児の姿だった。

戦争孤児は、そのころ「浮浪児」と呼ばれていた。

孤児たちにとって「駅」は特別な場所だった。東京・上野駅や大阪・梅田駅などには地下道があり、空襲で被災した少年少女たちが夜露をしのぐために利用した。それらの駅は中国大陸からの引き揚げ孤児たちの終着駅でもあった。

大阪の人々は、彼らに「駅前小僧」の名前をつけた。京都駅にも同様に戦争孤児が数多く集まっていた。戦災の少なかった京都駅には、空襲で被災した多くの孤児が阪神地方か

京都駅近くの瓦礫で遊ぶ孤児たち（積慶園提供）。アメリカ製の帽子をかぶったりドル紙幣を数えたりしている子もいる

ら集まってきた。舞鶴港で上陸した引き揚げ孤児もいた。雨や夜露をしのぐため、孤児たちは京都駅構内で寝た。京都では、彼らを「駅の子」と呼ぶ人もいた。
京都駅とその周辺に戦争孤児が数多く暮らしていたという歴史は、いまや忘れ去られている。だが、その数は広島の原爆孤児や、東京大空襲で被災した東京駅、上野駅周辺の戦争孤児数に匹敵するものだった。彼らは、国家の始めた戦争で親を亡くし、戦後は街頭に放り出されたのだ。

路頭に迷っても、生存への本能はある。いや、過酷な状況だからこそ、本能は「生きる」ことを命じた。生きていくためには食わねばならぬ。食べ物を得るためには、闇市が立ち人の集まる駅周辺は都合が良かった。孤児たちは毎日の食料を求め、駅舎内外を駆けずり回った。

京都に空襲による戦災が少なかったのは、米軍が京都を原爆投下目標の一つに挙げていたからだ。敗戦の年の七月末まで、京都は原爆投下第一目標だった。米軍は初めて使用する核兵器の「効果」をはかるために、投下目標とした京都に対して、通常兵器の使用を控えていた。もし京都が被爆していたら、爆心地とされる国鉄梅田車庫のすぐ近くにあった京都駅は跡形もなくなっていただろう。京都は原爆孤児の街になっていたにちがいない。
筆者は戦争孤児について、便宜上、次のように分類している。

戦争孤児の分類

戦災孤児	空襲などの戦災や戦後の貧困などで身寄りをなくした孤児
原爆孤児	戦争末期の原子爆弾投下で身寄りをなくした孤児
引き揚げ孤児	戦後、旧満州や南洋諸島などから単身で戻ってきた孤児
残留孤児	旧満州などに取り残され、現地の人に育てられた孤児
沖縄の戦場孤児	沖縄戦で身寄りをなくした孤児
国際（混血）孤児	日本を占領した米軍兵士と日本人女性との間に生まれた孤児

第一は、空襲などの戦災や戦後の貧困などで身寄りをなくした「戦災孤児」である。戦争中はまだ親戚などに預けられていた孤児たちが戦後になって街頭に放り出されたり、自分で家出をしたりして駅などに集まるようになった。戦後の貧困のなかで親が子どもを棄てたりするケースも少なくなかった。

第二は、原子爆弾投下により身寄りを亡くした「原爆孤児」である。「原爆孤児」は厚生省（当時）による分類では「戦災孤児」に含まれていたものだが、核兵器という大量殺戮《さつりく》を目的とした非人道的兵器の被害者という点を強調するため「原爆孤児」とした。

第三は、戦後、旧「満州」や南洋諸島などから命からがら日本に戻ってきた「引き揚げ孤児」と、逆に旧「満州」などに取り残され現地の人に育てられた「残留孤児」である。彼らは日本の植民地政策の

戦争孤児数の多い都府県（10位まで）**沖縄県をのぞく全国合計孤児数**

12万3512人（1万2202人）

1	広島県	5975人（456人）	6	大阪府	4431人（1413人）
2	兵庫県	5970人（662人）	7	岐阜県	4365人（111人）
3	東京都	5330人（1703人）	8	埼玉県	4043人（180人）
4	京都府	4608人（584人）	9	福岡県	3677人（584人）
5	愛知県	4538人（533人）	10	茨城県	3628人（163人）
			※	沖縄県	約1000人（約200人）

厚生省「全国孤児一斉調査」（1948/2/1実施）より作成

(1)この厚生省（当時）調査は、アメリカ統治下の沖縄では実施できなかった

(2)（　　）内は孤児施設に入れられた子どもたちの数。ただし、逃亡や死亡などもあり実数は正確ではない

(3)調査対象は、数え年1〜20歳の孤児。このうち8〜14歳の孤児は57731人（全体の46.7%）だった。数え年とは生まれた時を1歳とし、正月に1つずつ加えていく日本独特の年齢の数え方

(4)両親が戦争で亡くなっても、身寄りがあれば孤児としては数えられない。実際の孤児は統計の何倍もいたと考えられる

※沖縄県については、琉球政府行政主席官房情報課「児童福祉の概要」（「情報」第14号、1954年4月7日発行）による。「情報」によれば、養子や親戚による引取りも含めると実際の孤児数は約3000人であったとされる

犠牲者である。兄が引き揚げ孤児、弟が残留孤児になったというケースもある。そうしたある兄弟のケースでは、一九八七年、四二年ぶりに会うことができたものの、弟が日本語で話すことができず、心を通わせることができなかったという。

第四は、沖縄戦で身寄りをなくした「沖縄戦の戦場孤児」である。住民を巻き込んで激しい地上戦が行われた沖縄では、生き残った子どもたちの多くは戦場に身を置いた体験を持っている。

第五は、日本を占領した米軍兵士と日本人女性との間に生まれた「国際（混血）孤児」である（いわゆる

都道府県別戦争孤児数

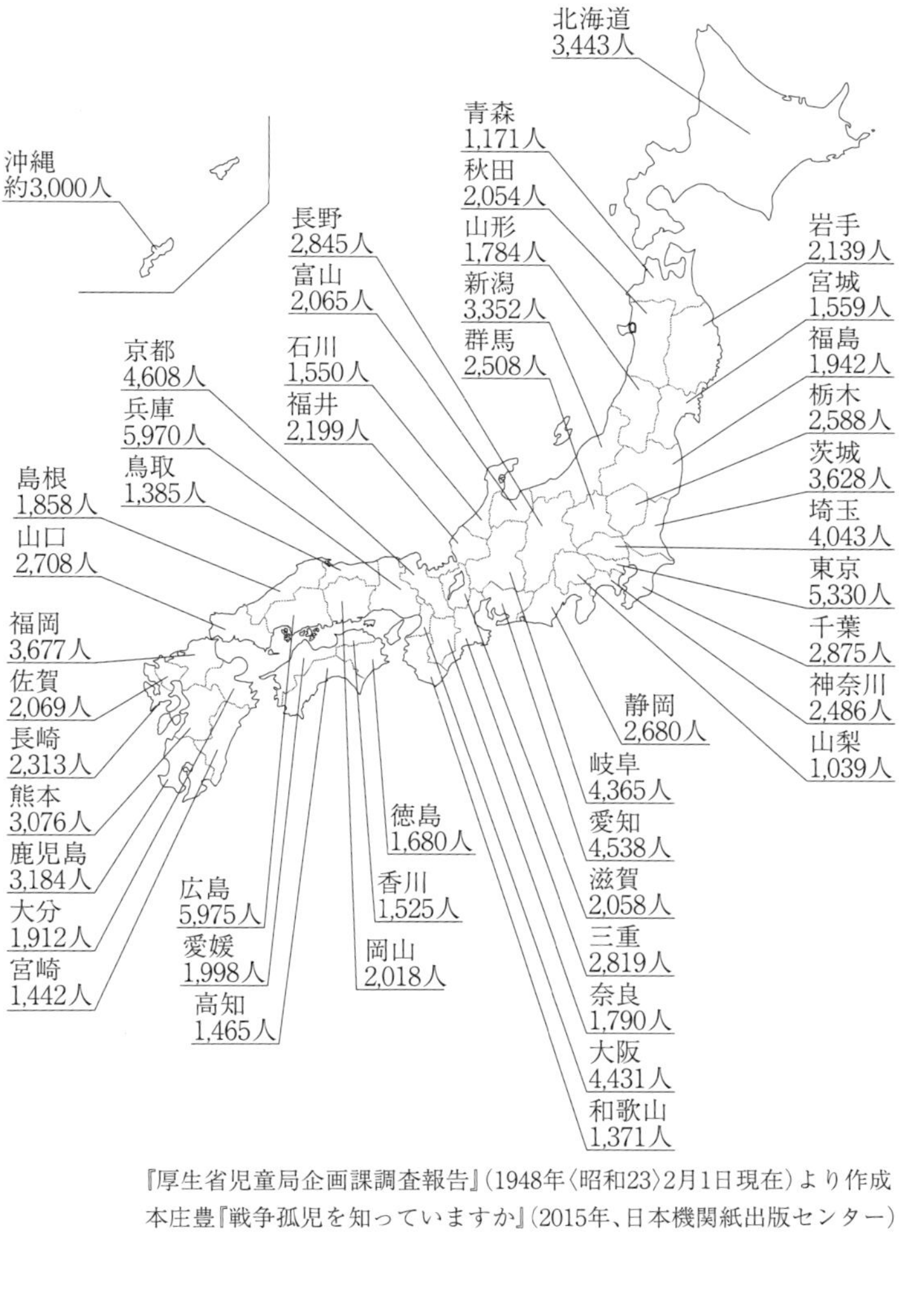

『厚生省児童局企画課調査報告』(1948年〈昭和23〉2月1日現在)より作成
本庄豊『戦争孤児を知っていますか』(2015年、日本機関紙出版センター)

「アメラジアン」（America + Asia の造語））。戦後も長い間、米軍占領下にありその後も日本全土の七割の米軍基地が集中する沖縄や、米軍が占領拠点を置いた地域には必ず国際（混血）孤児が生まれたのである。

なお、厚生省「全国孤児一斉調査」（一九四八年二月一日実施）によれば、沖縄県をのぞく全国合計で、孤児数は一二万三五一一人であり、そのうち約一割にあたる一万二二〇二人が孤児院に入っていた。ただ、この調査は戦後の混乱期のものでもあり、実際にはこの数倍の孤児がいたと考えられている。養子縁組などにより孤児でなくなった子どもは、この統計には入っていないなど、戦争孤児の全体像を把握することは今日もできてはいないのが現状だ。

戦争孤児たちを調べていくと、戦争は終わってからも子どもたちを苦しめるのだということがわかる。いや、兵隊だった父親が戦死し「靖国の遺児」と呼ばれ保護されていた戦中よりも、放置された戦後の方が過酷だったかもしれない。戦争を始めた人々は、孤児たちの「戦後」に何一つ責任をとることをしなかった。

「空き缶コップを持つ少年」は、どのように日本の戦後を生きたのだろうか。

2　戦争孤児とマッカーサー

一九四五年八月三〇日のことである。神奈川県厚木飛行場に降り立ったダグラス・マッカーサー（一八八〇～一九六四年）は、米軍が用意したジープで横浜に向かった。この連合国軍最高司令官は、横浜のホテルニューグランドに滞在し、降伏文書調印式に出席した後、東京に入り日本占領にかんする執務を開始する。

東京から矢継ぎ早に発せられたGHQ（連合国軍総司令部）の日本占領政策の立案は、皇居に近い第一生命ビル（東京都千代田区）に陣取るマッカーサー総司令官のもとに集められたアメリカ人スタッフが担った。

マッカーサーにとって、米軍によるたび重なる空襲で首都東京の市街地が廃墟となっているのは予想された光景だった。だが彼の目はそこに異様なものを見いだす。駅で野宿する戦争孤児の群れである。

戦争で兵士が死ねば、兵士の子は片親になる。母子家庭が多くなるのが戦争の常であった。ところが日本の場合は、父親だけではなく空襲などで母親をも亡くした戦争孤児たちが街に溢《あふ》れていたのである。大家族が多く親族のつながりが強かった当時の日本では、戦争孤児の多くは親戚に引き取られた。引き取り手のない孤児や、親戚の元にいづらくなって逃げてきた孤児が行き場を失い、駅などに集まって来た。貧困などのため、育児放棄された子どもたちもいた。

当初、警察官や駅員は、駅から戦争孤児を排除しようとした。しかし、排除しても排除しても孤児たちは駅に戻ってくる。駅は彼らのねぐらであり、食料を得る場所でもあったからだ。しかも孤児の数は次第に増えてくる。取り締まろうとしても取り締まることができなくなった。

日本の戦争孤児問題の背景には、国策として進められた学童集団疎開がある。一九四四年六月三〇日に「学童疎開促進要綱」を閣議決定した東条英機内閣は、学童疎開は縁故疎開を原則とするが、それが困難な学童には集団疎開を実施するとした。

この実施の対象とされたのは、東京、横浜、川崎、横須賀、大阪、神戸、尼崎、名古屋、門司、小倉、戸畑、若松、八幡の一三都市、約四〇万人の国民学校初等科三年生以上の学童だった。「民族大移動」ともいえるほどの人数の子どもたちが、将来の兵士や労働力確保のため、都市から農村に移り住んだのである。敗戦の年の四月には、全国一七都市の約四五万人の学童が七〇〇〇か所に集団疎開していた*。

＊『戦災史実調査報告書・昭和五七（一九八二）年度「戦災孤児」』（全国戦災遺族会、一九八二年）

一九四四年四月に開催された国民学校長会議で、大達《おおだち》茂雄東京都長官は学童集団疎開の目的について、「若き生命を空襲の惨禍より護り、次代の戦力を培養する」「帝国将来の国防力培養であり、帝都学童の戦力配置を示すもの」と訓示している（逸見勝亮『学童集団疎開史』大月書店、一九九八年）。学童疎開は、子どもの安全や生命を守るためというより、兵士の養成を目的とした戦争遂行政策だった。

このような動機で学童疎開が大規模に進められた結果、子どもが疎開中に、都市部に残った親が空襲で亡くなり、子どもは孤児になるというケースが大量に生じたのである。一九四二年の春以降、日本各地で米軍による無差別爆撃が始まる。都市に残された親たちのうち逃げ遅れた者は、燃え盛る木造家屋の下で焼け死んでいった。

なお、多くの子どもが疎開したとはいえ、疎開できずに犠牲になった子も少なくなかったことを特記しておきたい。安井俊夫氏によれば、すべての学童が疎開したのではなく、東京で一一万人、大阪で六万人、名古屋で四万人などが都市に残り、空襲下で逃げまどい、少なくない学童が亡くなった。兵力養成のための国策という本質を持ったこの政策は、子どもの生命や人権を守るためのものではなかったのである。

これは、布団の準備のない学童は、集団疎開できなかったことが原因の一つである。当時の下町では、一つの布団に二人で寝るのが当たり前だった。兄が集団疎開のため布団を持っていってしまうと、弟には布団がなくなってしまう。布団がないために弟は疎開に行けず、都市に残され被災することもあった。また、集団疎開の費用（一か月一〇円）が払えず、都市にとどまった学童もいた。一〇円の金額は、一か月一〇〇円で生活していた五人家族にとって、かなりの額であったことを背景に、こうした犠牲が出てしまったのである[*]。

＊『歴史地理教育』二〇一五年八月号「本土決戦体制下の学童疎開〜残留組・疎開組、それぞれのゆくえ」

また、沖縄では、九州の各県に疎開する学童・一般疎開者一六六一人を乗せた対馬丸が、米軍の潜水艦による魚雷攻撃を受けた。

日本占領から二年後の一九四七年、マッカーサーは、一九一七年よりアメリカのネブラスカ州で孤児院「少年の町（Boys Town）」（現在の名称は「少女と少年の町」）を営むカトリック神父、エドワード・ジョゼフ・フラナガンの来日を促し、助言を求めた。「少年の家」は少年たちの更生自立支援組織だった。フラナガン神父は、大人による支援のあり方について「悪い子どもはいない。あるのは悪い行いだけ。悪い環境と悪い学びがあったから」と述べている。少年犯罪の問題は社会環境を整えることで解決できると信じていたのである。

戦争孤児問題解決に関するマッカーサーの指示や、マッカーサーの証言などは文書では見当たらないが、当初、治安悪化の原因の一つとして取り締まられる対象だった戦争孤児に対し、孤児問題の専門家で活動家でもあったフラナガン神父をマッカーサーが日本に呼んだ事実は、GHQのこの問題に関する見方を表しているように思われる。おそらくマッカーサーは、戦争孤児について、当初は犯罪取り締まりの対象とすれば事足りると考えていたのではないか。しかし、取り締まるには、孤児の数はあまりにも多く、イタチごっこの様相になる。孤児たちが犯罪に走り治安悪化をもたらすことは、日本を占領統治する上で障害になるので避けなければならないが、それは対症療法的な犯罪取り締まりだけでは不十分であるということに気づいたはずだ。

大量の戦争孤児は、戦時下の国策や戦況から構造的に生み出された存在であり、立ち入った対応が必要だったのは事実である。それを放置すれば日本の経済的復興にとって、将来足かせともなっただろう。

このマッカーサーのイニシアチブは、一言でいえば、取り締まり中心の対応から、特別な施設に戦争孤児を収容し、その自立あるいは更生を支援するというものである。すでに存在していた孤児収容施設の維持・存続のため、日本政府に働きかけるとともに、日本に点在する孤児施設の維持のため、在日米軍に全面協力させせようとした。

あとで詳しくみるが、米軍はクリスマスや復活祭に、孤児施設の孤児たちを米軍キャンプ地に招き大歓待した。帰路、抱えきれないほどのプレゼントが孤児たちに配られたのは、個々の米兵の思いやりだけではなく、反米感情を少なくするなどアメリカの占領政策を推進しやすくするための米軍の施策の一環だった。

日本の孤児院は、アジア太平洋戦争の敗戦を契機に作られただけではない。日露戦争後に開設された仏教系の孤児院は民間施設が中心だった。そういう施設に収容されていた孤児は戦時中からいた。敗戦後は、地方行政や篤志家《とくしか》らの支援を受けて開設される施設もあった。

だが、戦争に負け、それまでの価値観が崩れたことは、施設にいた孤児たちの精神にも影響を与えただろう。他方、親戚に身を寄せていた孤児も少なくなかったが、食料不足や周りからのいじめを受ける例も少なくなかったようだ。そうした事情から、駅や街に出て行った孤児たちは少なくないと思われる。そのような形で、孤児数は敗戦後も増加していったのである。

フラナガン神父の日本滞在中の活動

1947年	内　　　容
4/23	到着
4/24-27	記者会見・オリエンテーション・歓迎会など
4/28-5/4	近畿訪問:京都(4/28・29)・大阪(4/30・5/2・5/4)・奈良(5/1)・高槻(5/2)・神戸(5/3)
5/5-9	九州訪問：福岡（5/5-7）・長崎（5/7-9）
5/9-11	中国訪問：呉（5/9・10）・広島（5/10・11）
5/15-23	会議：孤児援護対策懇談会（5/15・箱根）・全国児童保護施設代表者懇談会（5/16・東京）・母の日大会（5/17・東京）・児童福祉法制に関する会議（5/18・東京）・少年赤十字集会（5/21・東京） 施設訪問：東京（5/22）・横浜（5/23）
5/25-27	仙台訪問
5/29-6/5	朝鮮訪問
6/9-11	訪問:横須賀海軍(6/9・10)会議:関係各省懇談会(6/11・東京)
6/13	出発

一九四七年四月に来日したフラナガン神父は、戦争孤児救援のための共同募金「赤い羽根」を提唱するとともに、全国の孤児施設を次々に訪問した。京都にも神父の足跡は残されている。

NHKデジタル・アーカイブス「日本ニュース」第六九号*には、「来日中のフラナガン神父は一九四七年四月二八日、京都市の和敬学園を訪れ、国境を越えた愛情に気の毒な子どもたちを喜ばせました」という音声とともに、子どもたちを抱きかかえるフラナガン神父の映像が流れる。同学園は、一九二四年に京都市上京区に開設された少年の矯正施設で、戦後は戦争孤児施設として運営されていた。

フラナガン神父の写真に見守られて勉強する積慶園の孤児たち
（同園提供）

＊http://cgi2.nhk.or.jp/shogenarchives/jpnews/movie.cgi?das_id=D0001310069_00000&seg_number=005

一九四七年四月末撮影の、積慶園《せつけいえん》所蔵写真にはフラナガン神父の肖像写真の下で学習に励む園生の姿がある。岩永公成「フラナガンの来日と占領福祉政策～政策立案過程と地方自治体の対応」＊によれば、表のように一九四七年四月二三日に来日したフラナガン神父は、五日後には京都を訪問、二か月後の六月一三日には離日している。

＊http://www.jsssw-kanto.jp/assets/files/newhyouron/3/iwanaga.pdf

フラナガン神父の来日以前に、独自に戦争孤児対策を進める先鞭をつけたのが、敗戦の翌月に開園された京都の「積慶園」（当時京都市右京区）だった。積慶園は日本の戦後史にその歩みを重ねてきた。筆者の戦争孤児調査も、積慶園との出会いから始まった。沖縄を除く当時の全国の孤児収容所のうち、公立が三八か所、私立が二二か所、不明が八か所となっており、＊圧倒的に民間が多い。積慶園もその一つだった。

＊『戦災史実調査報告書・昭和五七（一九八二）年度「戦災孤児」』（全国戦災遺族会、一九八二年）

3　いち早く開設された積慶園

京都駅周辺の戦争孤児について、のちに同志社大学（京都市）総長となる住谷悦治《すみやえつじ》（一八九五〜一九八七年）がこんな文章を残している。

積慶園の園長古村正樹氏は、敗戦後に私が知り合った最も敬服に値する社会事業家の一人であり、敗戦後の戦災・引揚・貧困・浮浪に原因する要保護児童の収容・保護・指導に専心あたられている。積慶園創設の当時の氏の苦心はけだし言語に絶するものがあった。敗戦後の困窮のまっただ中で、衣料もなく、食器すら事欠き、市内からかり集めてきた浮浪児《ふろうじ》・孤児たちのキタナイ身体を入浴せしめ野天風呂用古桶一つ入手するのにも困難であり、シラミのたかった蓬髪《ほうはつ》を散髪してやるバリカン一挺買うことも容易のことではなかった。収容児はすべて栄養失調であり、そのうえ保菌していて発疹チフスを蔓《まん》えんせしめるやら、ヒゼンその他の皮膚病で悩むやら、結核その他の胸部疾患で寝込

仁和婦人会による炊き出しで食事をとる積慶園の子どもたち（同園提供）

むやら、派生的には鼻や耳の疾患者も多く、完全治療などということは思いもよらぬ有様であった。

古村園長は、炎天下四キロも距《へだた》った中央市場まで買い出しに行ったり、闇市で高価で劣悪な野菜も買いあつめねばならぬ緊急の場合があったり、炊事の鍋釜に不自由のため一度の飯を二度たいてやる始末であった。當時《とうじ》の浮浪者の栄養状態はほんとうに劣悪で、平安養育院でも平安徳義会でも、収容して二十日間も経つ間にバタバタと死んで行った事実があり、棺桶さえ入手は困難であったことは嘘のようなまことであった。古村園長と協力された京都府厚生課の花房儀清氏など、府廳《ふちょう》（府庁）からも家へも帰らず浮浪

京都市上京区御前通り一条の宥清寺。ここに積慶園は開設された
（同園提供）

者と寝食をともにし、死骸《しがい》のふり方にも手を焼き、夏季などには死骸にウジ虫もわく状態であったとは花房氏が語った事《じ》實《じつ》である。驛《えき》前にウロツイて食物あさりをしているまったくキタナイ浮浪兒たちをつかまえて、いや應《おう》なしに二十五六人をトラックで収容所に運び込むわけであるが、夜収容すると朝にはもうどこかへ逃亡している。古村園長の語るところによると「當時は浮浪兒のシラミをとるのが一番の仕事で、一合くらいのシラミは平気というわけ」であった。浮浪兒は逃亡して驛で一晩かせげば、まっ白なニギリ飯やその他の食物をひとふろしきも手に入れられるから逃亡の味は忘れられぬといった状態である。またある時など、

積慶園で職業訓練を受ける孤児たち（同園提供）

配給の高粱《こうりやん》をパンに加工しておいたら八才の男の子がひと箱持ち出して脱走した。脱走しないのは、身体の弱い連中だけで、逃げようにも逃げられなかったのだと古村園長は回想されている。*

＊住谷悦治『私のジャーナリズム』積慶園刊、一九五四年

同志社大学の創立者・新島襄の弟子たちは、群馬県前橋市で上毛孤児院を明治期に創設している。住谷は出身地の群馬県の孤児院のことを知り、人道問題として戦争孤児問題に関心を持つようになっていた。

住谷の文章に出てくる積慶園（上京区）や平安養育院（東山区）、平安徳義会（左京区）は京都駅とその周辺で暮らしていた戦

争孤児たちが、半ば強制的に送り込まれた施設である。積慶園創立のいきさつは次のようなものだった。

終戦を機に戦禍を受けた多くの人々が都市部に流れ込み、巷《ちまた》に溢れていた。京都市街は幸い戦禍を免れたものの、阪神方面から多くの罹災者が京都駅を中心に集まってきた。瞬時にして家を奪われ、親を失った児童が、駅を中心に生きんがため浮浪する姿は、誠に痛ましくすさまじいものさえあった。

京都府では、こうした浮浪児者に対し緊急援護として収容所を急設することになったが、当時は全くその予算もなかったので、戦前から運営されていた民間施設に依存するだけでは収容能力にも限界があり、新たな施設をつくらねばならなかった。

たまたま戦前よりこうした児童の保護活動に当たっていた華洛青少年相談所の古村の活動に注目した京都府当局は、協力の懇願折衝の末、古村はこの薄幸な児童の救済収容を引受ける決意をし、終戦直後の未だ硝煙の漂う一九四五年九月二三日、府の委託を受けて華洛青少年相談所の地に孤児収容施設を開設したのである。*

＊『華洛〜積慶園五十周年記念誌』一九九五年刊行

積慶園の前身となった華洛青少年相談所は、戦争中の一九四三年一月末、仁和《にんな》小学校前にある旧宥清寺《ゆうせいじ》（京都市上京区御前通一条下る）内に開設された。相談員は、古村正樹ら本門仏立宗の僧たちだった。相談所の仕事は、窃盗や暴力行為などをはたらく少年少女、家出した少年少女、保護者から直接依頼された少年少女らを収容し、保護・補導することだった。

積慶園のことを調べる以前は、戦争孤児とは敗戦後の問題だと勝手に思い込んでいたが、そうではなく戦時中の空襲直後に発生したのが戦争孤児であり、片隅に隠れていた孤児たちの姿が誰の目にも触れるようになったのが敗戦後のことだったのである。古村は妻や息子とともに、積慶園に住み込んでいた。

日本舞踊の稽古をする積慶園の少女（同園提供）

住谷悦治の文章に出てくる花房儀清は、その頃のことを次のように書いている。花房は京都府の厚生係長をしていた人だったが、戦争孤児を保護し、支援する現場で熱心に働いた人でもあった。

当時は、夏だったのでまだよかったものの（京都）駅の冷えこんだコンクリートの上に、はだかの浮浪者がいっぱいで、（駅構内の）歩道を歩くことが出来ないほどでした。待合室では旅客の弁当を乞食して歩いている、そして盗難だとかのいろいろの問題が起る、それを解決するために政府は、緊急援護をやることになった。その第一は、浮浪者の収容所を急設せねばならぬということであった。そう政府からいって来たが、（京都）府の方にはその予算が全くない、……そこへアメリカ軍が進駐して来るということもあって全くほっとけない、そこでまず、平安徳義会だとか、平安養育院（ともに明治時代開設の養護施設）だとかに無理やりおし込んだ。ところがその当時浮浪者の栄養状態は全く悪かったんで、二十日ばかりの間に、ばたばたと死んでゆくという始末でした。（古村）園長は府廳から家へもかえらず浮浪者と寝食を共にしたが、死骸のふり方がつかない。夏季なのでウジもわく状態だった。*

＊「積慶園座談会〜創立当時を語る」（『華洛』所収）より

京都駅とその周辺に常時いた戦争孤児の数はよくわからないが、取材した方々の証言を総合すると、数百人にのぼったのではないかと思われる。敗戦から三〜五年間は京都駅周辺にたむろしていたという。

積慶園でのおやつの風景（同園提供）

さて、古村正樹自身は、次のように積慶園のことを回想している。古村は身なりがあまりにもみすぼらしいので、戦争孤児たちから「乞食坊主」と呼ばれていた。

駅から、否応なしに二十五、六人の浮浪児を運んできた。しかし夜収容すると、朝はもう居らぬ。自分でも、駅から何人かつれて来た。（敗戦翌月の）九月はそうして終ったが、十月になってこう考えた。先ず（京都）駅の浮浪児中でも、比較的大きなものを探し出す。それをオトリとして、誰でもすきなものを一緒につれて来いといってつれてこさせる。そして、小さいものも十二、三人は落ちつくものが出来た。しかし、駅にとぐろをまく浮浪児の中には、今だからいうけれど、まったくきたなくて手の出ぬ連中も少なくなかった。そういう時は汽車賃を与えて敬遠する。人相のよさそうなものを集めて来るように努めたものです。かれこれして、十二月になって三十八人になったのであります。

……

いやもう、当時、子供はシラミをとるのが一仕事で、一合位のシラミは平気というわけです。しかし、ＤＤＴ[*1]のおかげでシラミは、後を絶ってしまった。……見方をかえていえば、折角骨折って収容しても、元気な奴は皆逃げてしまう。何分一晩駅へかせぎに出れば、まっ白なニギリ飯とか何とかが、風呂敷一ぱい手に入るのだから、その味が忘れられぬのも無理はない。結局、身体の弱い連中だけが残ったわけで、逃げようにも逃げられない……と、そんなものでした。[*2]

＊1　アメリカ占領軍が持ち込んだ殺虫剤。シラミなどの駆除のため、粉状の薬剤を頭髪にふりかけるなどした

＊2　「積慶園座談会～創立当時を語る」（『華洛』所収）より

今から二〇年前、その古村は新聞[*]で次のように紹介されていた。敗戦直後に少年だったある孤児が長じて後に取材に応じ、その証言をもとに書かれた記事である。

積慶園での夕食（同園提供）

＊朝日新聞一九九五年一月一日付大阪地方版

……毎日、だれかが栄養失調で死んだ。少年もベンチで過ごす日が増えた。亡くなる人が待合室で眠るのは知っていた。

「死ぬぞ」。戦災孤児を保護する積慶園の園長、古村正樹（当時四七）の声で目が覚めた。市電で上京区御前通一条下ルの園に連れられた。ドラム缶の熱いふろが、暖かかった。

「園長の声がなければ、人生の終着駅になっていた。駅は僕の原点です。でも、あのままベンチで死んだとしても、それもまた、人生と思うのです」

戦災孤児たちが敗戦の前後、京都駅に

何人いたかは定かではない。ただ、財政もズタズタだった京都府がいち早く、「華洛青少年相談所」事務主任だった故古村正樹さんに救済を頼んだのは、事態の重さを物語る。古村さんは一九四五年九月二十三日、同青少年相談所を「積慶園」とし、駅にたむろする子どもたちを連れ帰った。

……

一九八三年夏、兵庫県の城崎温泉のホテルで、五十歳前後の男女十人が酒をくみ交わした。初めて開かれた元園生の同窓会である。

酔う程に、積慶園での生活が浮かんでくる。そして、「体中ゴシゴシ洗ってくれたよな」「みんなのシラミを取ったら、ほめられたな」「高校の学費はポケットマネーだったらしい」と、最後は、大柄で、丸坊主だったおやじ（園長）の思い出話にいきついた。

……

恵まれない子への思いは強かった。四六年七月、京都市職員が三、四歳の男の子を連れてきた。「駅の捨て子やから、江木捨彦（えぎ・すてひこ）という名や」。職員を怒鳴った。敏彦に改めさせ、その子の生のあかしとして、「駅（江木）」は残した。が、衰弱していたのか、数日後に死んだ。

死と隣り合わせだった子供たちのそばを片時も離れなかった。

シャモジを手にして、ご飯をよそった。大食いにはぎゅっと、小食の子にはふんわり。みんなの適量を知っていた。盆と正月には、似合いそうな服を選んだ。メンコの輪に加わり、一番多くひっくり返し、子供たちを悔しがらせた。物をくすねたり、年下をいじめたりした時だけ、ゲンコツが飛んだ。

府の補助金も滞り、運営は苦しかった。借金を抱え、取り立て人も乗り込んだ。とはいえ、金が入ると初物のスイカをニコニコ顔で買ってきた。抜け落ちた口元を見かねた保母が入れ歯を薦めた。「子供にいい物を食べさせるからやね」

古村は一八九八年（明治三一年）、佐賀県杵島《きしま》郡に生まれた。福岡県小倉市（現北九州市）の職員になったが、結核を患い仏門に入る。一九四〇年、本山のある京都に移り、四三年、本山が設けた「華洛青少年相談所」で非行少年、家出少年の世話を始めた。

古村自身が、養子に出された体験があり、育ての親のありがたさをしばしば、妻のハマに話したという。前出記事も、「よその人に育てられたから、よその子を育てるのが自分の運命や」と古村が口癖のようにいっていたと伝えている。

ハマは夫が亡くなってから、積慶園の園長職を継ぐことになる。創立三〇年記念式典（一九七五年）でのハマのあいさつの原稿が積慶園に残されていた。

大東亜敗戦後、戦災孤児収容所として上京区下竪町仁和小学校前で呱々《ここ》の声をあげてから、三十三年という永い歳月が流れました。もう、あの当時の苦労も今日では楽しい数々の思い出として私の心の中の秘帳に納められております。

子どもたちのいたずらでご近所に謝りに行ったことや、喧嘩して逃げた子どもを捜しに京都駅をうろついたこと、病気で寝ていた子どもが急変悪化し夜中に医者を捜し回ってやっと第二日赤に入院させ一命をとりとめ喜んだことなど、今ではすべて楽しい思い出ばかりでございます。

雨が降ると座敷にありったけのバケツを並べなければならなかった程のあばら家でした。その度に合羽をかぶり、屋根に上がって瓦を置いてまわりました。

……

かつて平安徳義会の園長でありました三上（貫一）先生が積慶園に来られる度に、「古村さんが子どもと遊んでいるところはまるで西洋のペスタロッチ*の絵を見ているようだ。古村さんの一代記を書いてみたい」と言っておられました。

＊ペスタロッチ（一七四六～一八二七）はスイスで孤児や貧民の子の教育を行い、世界に大きな影響を与えた教育者

この式典では、僧侶三人が読経した。その僧侶たちは積慶園で育った戦争孤児だった。手を焼いた三人の幼い日のことを思い出し、ハマはハンカチで涙を拭《ぬぐ》った。

4　報われない愛

二〇一三年一月三一日、筆者は積慶園の応接室で、古村正樹の息子である正さん（現園長）から母ハマの手記を手渡された。粗末な広告紙の裏に書かれた手記には、夫である古村正樹と積慶園での出来事についてこう綴られていた。

ある少年

中学を卒業したばかりのかわいらしい園児（男子）を、なかなか手筋がいいからと言うので、ある里親のもとに住み込みで就職させました。半年、一年と無事につとめ、まじめで上達も早いので、園長（古村正樹）も良く目をかけておりました。愛嬌のある子で皆に愛され、里親の方も大変喜んでおられたようでした。三年、五年が過ぎ、やっと一人前の職人となりましたので、園長も私も本当に苦労の甲斐がありました。

この子には二人の兄がおりましたが、すぐ上の兄はこの子と一緒に積慶園に園児として来ておりましたが、中学に入ってから、「子どもがほしい」と言われた方がございましたので、ある職を身につける施設に通っていました。一番上の兄は、城崎《きのさき》の旅館で板前をしておりました。

一番下の弟がやっと一人前になり、お金が入るようになりますと、待っていたとばかりに二番目と一番上の二人の兄が弟にたかりはじめました。一度が二度、三度とだんだん多額になりますので、とうとう弟が自棄を起こしました。そして、里親のもとから逃げ、園に帰ってまいりました。しかし、園でも落ちつけず、出たり入ったりしますので、その都度園長はお金をやって職探しをさせていたようでした。しかし、たび重なりますと、職員も良い顔は見せず、だんだん蔭口を言うようになり、ついには「園長があまり甘やかすから」という声さえ出るようになる始末で、私は困り果てていました。

ある夜のことでございました。八月の暑い盛りの日照りつづきで、異常乾燥注意報の出ている折でした。夜中の一時過ぎ頃、パチパチというかすかな音に目を覚ました私は、開けっ放しにしておりました隣の部屋を見ましたところ、窓際の机の下に重ねて置いておりました新聞紙が燃えているではありませんか。飛び起きた私は、主人（園長）を起こし火元に走りましたが、水道管が古く水の出が悪くて思うようになりません。そのうちに子どもたちもみんな飛び起き、風呂場から水をどんどん運んで火を消してくれました。

私の目覚めが三分遅れたら、窓から外まで出ていた火が屋根まで上がっていたでしょう。屋根まで火が出てしまったら、あの乾燥しきっていた古い家屋をどうして守り得ることが出来ましょう。園のある下竪町一円は火の海と化したであろうと思います。全身の毛が逆立ちする程の恐ろしさでございます。主人は煙草を嗜まず、園には火の気はありませんでしたので、いろいろ考えた末、四十度近い暑さだったので、セルロイドの異常発火ではないかと素人判断しておりました。

それから一ヶ月もたたないある夜中一時過ぎのことでした。私がふと目を覚ましたのは、コトコトという低い音が聞こえたからでした。別に気にする必要もないと思いながらも、前の火災のこともあるので、隣の部屋を見に行きました。そうしましたら、電灯の消えた真っ暗な中に淡い懐中電灯の丸い光がさしておりましたので、主人を起こしに行きました。

「誰か隣の部屋に入っています」

飛び起きた主人は、隣の部屋に行くと、「出て来い」と怒鳴りました。

しかし、そのものこちらに来ず、廊下に出て、お便所の隣の木戸を乗りこえて逃げて行きました。その間に、大きい子どもたちが起きて、隣の塀を乗り越えて、逃げたものを捕まえに行きました。

泥棒を捕まえてみればわが子なりと申す通り、その少年は私たち夫婦にとりましては、大切な預り子の一人でございました。可哀そうに兄たちのためにぐれてしまったあの弟だったのです。その子の顔を見る主人の目は涙が一杯になっていました。こんこんと諭しながら、三人で思う存分泣きました。

前の火事さわぎの原因もこの子がつくったものでした。懐中電灯がなかったので、マッチの火で金目のものを捜していたときに、燃え残りが落ちて新聞紙に燃えうつったのでした。

主人は旅費を渡し、また職探しをさせることにしました。

しばらくしてその子が自衛隊に入ったことがわかりました。これも兄たちのたかりから逃れたかったためではないかと思うと、不憫《ふびん》でなりませんでした。

身体の大きな子や元気な子は、孤児施設から逃げ出し、京都駅に戻っていく。身体の弱い子は施設で亡くなることもある。そして生き残った子に愛情を注ぎ育てても、その愛は伝わらないことが多かった。更生したと思っても、ふたたび悪事に染まっていく子たちもいた。また更生して生活基盤の確立した者は、施設出身であることを隠そうとした。だから、卒園しても施設に戻ってこない。古村たちの愛は、いわば報われない愛でもあった。

それでも何とか施設を運営できたのは、たぐいまれな古村の使命感と京都府からの財政的な支援があったからだ。行政側の担当者は京都府厚生課の花房儀清だった。花房は京都府庁に行かずに、戦争孤児たちとともに積慶園に寝泊まりしていた時期がある。のちに花房は厚生課長として積慶園をはじめとする戦争孤児施設を財政面や人的側面から支援することになる。

当時、京都府には伏見寮、八瀬《やせ》学園（のち桃山学園）、平安徳義会、平安養育院、積慶園、つばさ園、和敬学園、指月寮、淇陽《きよう》学校、峰山乳児院、青葉学園、京都聖嬰会などの孤児施設があったが、そのすべてに花房は大なり小なりかかわっていた。花房の背中を押したのが、京都府知事・蜷川虎三である。花房の案内で蜷川はたびたび施設を訪問し、孤児たちを激励した。

積慶園に古村ハマの書いた、蜷川宛の手紙の写しがのこされていた。その一部を紹介しよう。

京都府知事蜷川虎三様

八月に矢崎という卒園生が妻と一女をつれて船橋から私を訪ねてまいりました。この子の兄は園で中学を終え、京都府の義足を作るところに就職しておりました。なかなかの野球好きで見に行くよりは、自分でプレイするのが大好きという体格の大きな子でした。夏の熱い最中に野球の試合中に夕立にあい、ずぶぬれになったことが原因で日本脳炎にかかり、昭和三十一年八月九日、青年式も待たずに散って逝ったのでございます。

当園での葬式のとき、知事様がお出で下さいまして、弟矢崎勝の肩を抱いて、兄を亡くしてもくじけずにしっかり勉強するようにと強く励ましていただきました。成人した今も知事様からいただいた励ましのお言葉が何よりもうれしかったと申しております。

積慶園をはじめとする京都の戦争孤児施設は、現在ではそのほとんどが児童養護施設になっている。児童養護施設とは、親の離婚や親との死別、貧困やＤＶ（ドメスティック・バイオレンス）などのさまざまな理由で親と暮らせない子どもたちが生活する場である。全国には約六〇〇か所があり、三万人以上が共同生活を営んでいる。近年ベストセラーになった村中李衣『チャーシューの月』（二〇一二年、小峰書店）に描かれた「あけぼの園」もその一つである。

日本の児童福祉の原点が戦争孤児救済だったことは、重要である。敗戦直後の孤児院の取り組みがどのように現在の児童養護施設に生かされているのか、あるいは継承されていないのかを検証する必要があるだろう。

コラム 「代議士さんは民主主義」

「わたし、積慶園などの孤児施設に慰問に行っていました」。

二〇一三年にこう話してくれたのは、西田恭子（現在は京都市右京区在住）さんである。恭子さんは朱雀第八国民学校六年生の時（一九四一年九月二八日）、傷痍《しょうい》軍人慰問のため京都陸軍病院高野川分院を訪問、そこで童謡を歌ったこともある。敗戦から一年後、一九四六年七月下旬に開催された歌謡アマチュアコンクール（東海林太郎審査委員長）で、本居長世の「お月さん」を歌って第二位となった。一七歳の女学生（京都府立二条女子高等学校四年）の時だった。

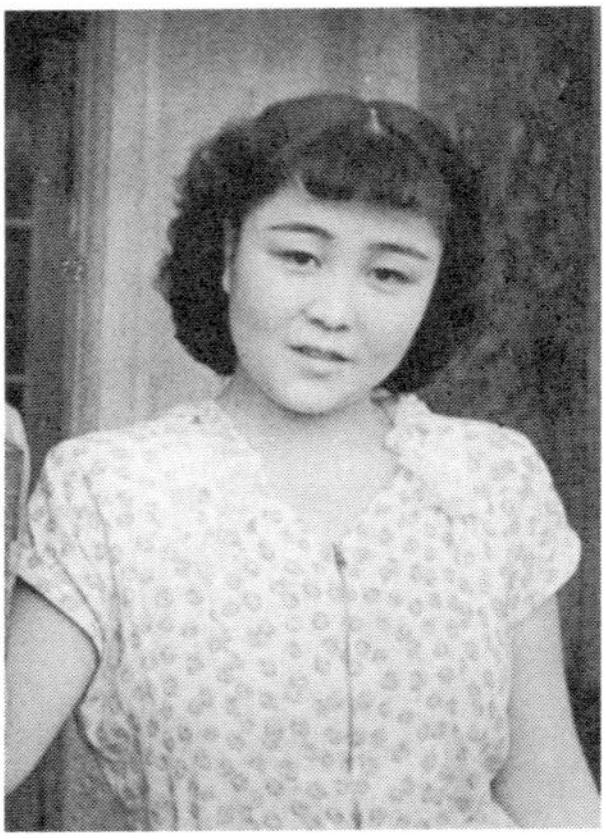

当時の西田恭子さん

コンクール入選後、歌手デビューした恭子さんは、新聞社の催しで「京都音頭」「角倉音頭」を歌い、その後大阪中央放送局に所属し、ラジオで童謡を歌い続けた。当時、恭子さんが歌った歌のなかには、「代議士さんは民主主義」など、当時の世相を映し出す歌もあった。一部を紹介しよう。

代議士さんは民主主義

出雲路よしかず　作詞
佐々木すぐる　作曲

1
戦争してゐた日本を
平和なお國に　立て直し
お顔もすつかり入れかへる。
代議士さんは、民主主義
ララ、民主主義。

2
お顔の入れかへ、総選挙。

をじさん、をばさん、乗り出して、
兄さん、姉さん、投票だ。
代議士さんは、民主主義
ララ、民主主義。

7
お米の増産　先づ一番。
お塩だ、野菜だ、お魚だ。
おいちの事まで、気をくばる。
代議士さんは、民主主義
ララ、民主主義。

9
お國の文化を　もりたてて、
平和な世界におつきあひ、
僕らも、どんなに愉快だらう。
代議士さんは、民主主義
ララ、民主主義。

同じ作詞・作曲による「たのしい夕刊」という歌の楽譜も残されている。前出の住谷

悦治が、社長として「夕刊京都」を創刊したのは、一九四六年五月のことである。この楽譜も恭子さん宅に保管されていた。

戦前、傷痍軍人への慰問をしていた小学生の恭子さんが、戦後は女学生となり戦争孤児施設を慰問したことになる。積慶園孤児たちはどのような思いで、このきらびやかな姿の若い歌手のソプラノを聴いていたのだろうか。

第二章　ある姉弟の歩み

1　ヒロシが平安養育院に入るまで

「六歳の時の記憶なので、あやふやなことがたくさんあります。後日姉から聞いた、後付けの記憶なのかもしれません」

「かまいません。昭和二〇年一一月一四日の京都駅でのこと、話してください」

筆者がこう水をむけると、奥出廣司さん（取材当時七四歳）は堰《せき》を切ったように話し始めた。二〇一三年八月七日午後のことである。

奥出さんは、京都府宇治市の京阪電車三室戸駅近くで鉄板焼店「でんでん」を営んでいる。店は夜だけの営業なので、午後の仕込みの時間を融通してもらい取材の時間を作っていただいた。二人の息子さんはそれぞれ独立し、この「でんでん」は奥さまと二人で切り盛りしている。奥出さんと、そして別の日に聞いた奥出さんの二つ上の姉（ここではＳ子と表記する）の話をもとに、当時の京都駅と姉弟の様子を再現してみよう。なお、子どもの頃について書いた文章のなかでは、奥出さんは「ヒロシ」という表記にする。

ヒロシの父は、山間の渓流沿いにある宇治の白川地区に住み、炭団《たどん》作りで生計を立てていた。白川地区は、平等院の北東にある。ヒロシの母はヒロシを産んだ後、病気で亡くなった。一九四一年のことである。この時、ヒロシは二歳、姉S子は四歳だった。二人には母の記憶はあまりない。ただ、ヒロシの夢枕には、しばしば母が立ったという。

敗戦当時、六歳のヒロシと八歳の姉はいつも腹をすかせていた。

炭団とは、木炭を運ぶ時に使う炭俵や炭袋のなかにたまる木炭の粉や破片や、規格外の小さな木炭片をこねてまるめた燃料の一つである。白川地区は木炭の産地だった。炭団生産のためヒロシの父は京都市内からここに移住したらしいが、詳しい経過はわからない。

自分が白川で生まれたことを知ったのは、宇治市三室戸で食堂を開店した四〇歳ぐらいの時のことである。名古屋から夫婦でお祝いにかけつけた叔父（母の弟）から聞いた話がきっかけだった。せっかく宇治に来たのだからということで平等院に案内した時、叔父は急に思い出したように言った。

「ヒロシのお母さんは、宇治の白川というところにいたんだよ。よかったら今から連れて行ってあげようか？」

「はい、お願いします」

叔父夫婦と白川を訪ねたヒロシは、陽の差さない谷あいの道を歩きながら、「自分が生まれたのはここに違いない」という確信を持ったという。そして白川を歩いたその日以降、母は夢に出なくなった。

一九四五年八月一五日に日本が戦争に負けると、配給制度にもとづく戦争中の統制経済が崩れ、物不足と物価高騰が起こった。ヒロシの父は、育ち盛りの子どもが二人いるのに、働いても食料を手に入れることができなかった。闇市や農村への買い出しで急場をしのいだが、激しい腹痛や高熱が続くなど体調が悪化したこともあり、床に伏せるようになった。

家計は火の車になった。窮地に陥った父は、病身を押して二人の子の手を引き、国鉄宇治駅から列車に乗り、奈良線経由で実家のある三重県に向かった。子どもを親戚に預け、身体を治して再起しようとしたのだ。

だが、実家や親戚に援助を断られてしまったらしい。親戚とはいえ、分けるほどの食料の備蓄はなかったのだろう。打ちひしがれた姿で二人の子とともに再び列車に乗った。この時、父は意識が朦朧《もうろう》とするなど体調をますます悪化させ、京都駅にたどり着いたころには立っていられないほど衰弱していたという。

六歳の子どもがそんなことを覚えているだろうかと筆者は思ったが、インタビューのなかで「たしかにそうでした」と奥出さんは断言した。姉から聞いた当時の記憶が定着したのかもしれない。

京都駅に着き列車を降りたが、父はかなり衰弱しており、構内のベンチに座りこんでしまった。そんな父の様子を見ていた通りすがりの人が、「これは腸チフスやな」と言ったのを、姉のS子は覚えているという。

そう言われた後、ベンチに座っていたヒロシの父は、崩れるようにベンチに倒れ込んだ。S子もヒロシもなすすべもなく寄り添っているだけだった。しばらくすると、ベンチに横たわっていた父の意識がなくなった。

心配になったヒロシと姉は、駅員を呼びに行った。二人の駅員が来てくれた。

「こりゃ、もうだめや」

「まだ息があるが、仕方がない、運んでしまうか」

駅員たちは、悪びれる様子もなく、そんな会話を交わした。二人の駅員は父を担架に乗せ、駅の奥まったところにある暗い、学校の教室ほどの大きな部屋に連れて行かれた。

ヒロシは愕然《がくぜん》とした。そこには何十人もの死体が放置されていたからだ。今もかすかにだが、その部屋の様子を覚えている。S子も大きな目をまん丸に見開いて、その部屋の様子を見た。

「明日になれば、トラックで運んで火葬場で焼くから、心配するな」。ヒロシの頭を撫でながら、太った駅員が言った。

父はまだ息をしている。その父が火葬される……。ヒロシの気持ちを察したのか、太った駅員の横で煙草を吸っていた、小柄で目の柔和なもう一人の駅員が笑顔で喋《しゃべ》りかけた。

「大丈夫だよ。火葬場に行く前に、ちゃんと仏さんになったか確かめるから」

ヒロシの父は生きたまま、部屋の床に放り出された。立ちつくすヒロシを姉が抱きしめた。駅員が立ち去った後、二人は父のところに行き、その身体に触れた。温かかった父の身体がどんどんと冷えていくのがわかった。

父の死は、敗戦から三か月後の一一月一四日。肉親の死を前にして、二人ともなぜか涙が出なかったという。

小さいながら、これからどうして生きていくのかとヒロシは考えていた。翌日から姉と二人の生活が始まった。食料調達の方法はいたってシンプルである。ヒロシが物乞いを、姉が使いばしりをやった。物乞いは駅から降りてきた人をねらう。長距離列車に乗ってきた人は、にぎりめしや弁当の残りを持っていることが多い。だまって手を出せば、痩せこけた姿のヒロシを涙目で見ながら、食べ物を分けてくれた。

姉は京都駅北口に広がる闇市で芋や茶碗洗いの手伝いをした。闇市の近くには水道がないので駅まで運び、構内のトイレなどで洗い物をする。晩秋の水は冷たい。しもやけとあかぎれで彼女の手は無残だった。

けれど、ヒロシは自分たちを惨めだと思ったことはなかった。京都駅構内とその周辺にはおびただしい数の戦争孤児が暮らしていたからだ。兄弟や姉妹が一緒に生活するのは当然だが、一匹狼や徒党を組んだ不良もいた。不良たちは闇市でやくざの手先になり、煙草にも手を出していた。

真面目な孤児は、靴磨きの仕事をした。革靴を履くのは、アメリカ兵か金持ちと相場が決まっていた。

「シューシャイン！（靴を磨きます！）」慣れない英語で声をかけると、足が差し出された。アメリカ兵が靴磨きの少年の足元を見ると、はだしであることも多かった。

ヒロシが靴磨きをするときには、顔に靴墨をつけ、前を通る人の同情を引こうとした。六歳であっても、こうした生き抜く知恵を身につけていったのである。

姉は穴だらけになった布製のズック靴を履いていたが、ヒロシは素足だった。靴がないわけではない。だが、いま靴を履いてしまうと、小学校に通う時に靴がなくなる。だから、ふだんは何も履かないのだ。戦時中、姉が国民学校に通っていたのを見ていたヒロシは、自分も学校に行くつもりだった。

体調を崩したり、風邪を引いたりして体力が落ちると、その直後には死が待っている。

死ぬ前のねぐらは、薪《まき》ストーブのある待合室。これは京都駅にいる戦争孤児たちの間の暗黙の了解になっていた。ヒロシと姉は、親しくなった孤児たちを何人も待合室で見送った。涙が出なかったのは、父の死のときと同じだった。

駅員は毎晩、待合室を点検した。弱った者や死んだ者がいれば、担架に乗せて、その場から運び去った。翌日、彼らは伏見の南部にあった火葬場で焼かれ、その骨はまとめて火葬場近くの土中に埋められた。

「ヒロシ、朝と夜は必ず手を洗ってや」。姉の口癖だった。父が伝染病で亡くなったことを知っていた姉は、手洗いで弟を病気から守ろうとしたにちがいない。

二人は、三か月間を京都駅で過ごした。七条署（警察）による「狩り込み」（浮浪児狩り）で捕まったのは、翌一九四六年の二月のことである。警察のトラックに乗せられて向かった先のことは覚えていない。気がついたら、京都の東山にある平安養育院という孤児施設に収容されていた。木造の隙間だらけの建物のなかから、米を炊く香りがした。

平安養育院は一九〇七（明治四〇）年に開設された。日露戦争（一九〇四～〇五年）で孤児になった者たちの収容や、格差が広がる日本社会での貧しい人々の救済が目的だった。一九二〇（大正九）年に知恩院の所管となった平安養育院は、昭和恐慌のなかで生み出された孤児たちの収容施設を経て、アジア太平洋戦争後は戦争孤児施設となった。

平安養育院収容と同時に、姉はおかっぱに、ヒロシは丸刈りにされた。頭から殺虫剤ＤＤＴの粉がかけられた。一通り頭が白くなると、首の後ろから背中にかけてＤＤＴが散布される。

雑炊やうどんばかりだったが、とりあえず一日三食は出てくる。せんべいのような薄いものではあったが、布団もあるので、夜に凍死する心配はない。平安養育院のなかの様子がわかってきたのか、姉は命令口調で言った。

「ここにいれば、とりあえずご飯は食べられるから、ヒロシはこのままいなさい」

「いやや、お姉ちゃんと行く」

「だめ、あたしは一人で生きることができる。だからトンコする。必ず戻って来るから……」

「トンコ」とは、逃げるという意味の孤児用語である。この時、姉は孤児になって初めて泣いた。ヒロシも目に涙をいっぱいに溜めていた。

姉は再び京都駅に戻った。独立心旺盛な姉には、決められた時間に起床し、決められた時間に就寝する、全員が揃わないと食事が始まらないなどの平安養育院での集団生活が耐えられなかったのだ。たった一人の身寄りである弟を残して出て行くことはつらかったが、ヒロシを連れて行けば餓死や凍死してしまうかも知れなかった。自分一人なら、何とか生きていくことができると考えたのだろう。

ヒロシは四月、中京区の京都市立弥栄《やさか》小学校（当時は国民学校）二年生に編入学し、平安養育院から通学することになる。

2　孤児対策として始まった「赤い羽根」

ヒロシの姉のようにトンコをする孤児が続いたわけの一つは、孤児収容施設の食事内容と自由のない集団生活にあった。駅に戻り、靴磨きや闇市の手伝い、モク拾いをすれば、銀シャリ（白いご飯）の握り飯にありつけた。モク拾いとは、煙草の吸殻を拾うことである。拾った吸殻の残った煙草を集めれば、元締めの男に食料と換えてもらえた。

一方、国や自治体からの援助もない当時の施設では、古くて石のように固くなったコッペパンを水に浸して食べるなど、食事内容は劣悪だった。むろん、飢餓にならないだけでもありがたかったが、一〇歳以上の元気な孤児は自分で稼ぐため、再び京都駅に戻って行った。少ない指導員と貧弱な設備のなかでの決まりごとの多い集団生活は、駅の子としての自由を一度味わった孤児たちには耐えがたかったのである。

ヒロシが収容されていた頃の平安養育院は、他の施設同様、孤児の栄養失調死、病死があいついでいた。同院の調査によると、一九四二年から一九四九年までのあいだに一三人

平安養育院の指導員（両端）と孤児。右から２人目がヒロシ

の収容児が亡くなっている。年齢不詳の場合も多かったが、戒名をみると「童女」「童子」あるいは幼少を示す「孩子《がいし》」などがあった。子どもたちの名前と亡くなった年月日を列記してみよう。

昭和一七年五月一七日	春見一男	年齢不詳	男児
昭和一八年三月六日	山田修	年齢不詳	女児
昭和一八年七月五日	白間真澄	一二歳	男児
昭和一八年八月一九日	安田小久	一四歳	女児
昭和一九年五月七日	吉川弘	一歳	男児
昭和一九年一〇月三一日	宮田新吉	年齢不詳	男児
昭和一九年一二月一一日	加藤晃子	四歳	女児
昭和一九年一二月一九日	正田愛子	年齢不詳	女児
昭和二一年三月一五日	梅原洋子	年齢不詳	女児
昭和二一年四月二日	伊藤シゲ子	年齢不詳	女児
昭和二三年四月一三日	ユキカズ	六歳	男児
昭和二三年九月一九日	井上愛子	一四歳	女児

昭和二四年八月一四日　高倉信夫　不詳　男児

「ユキカズ」などカタカナで記された名前もある。幼くて自分の苗字や漢字名がわからなかったのではないか。昭和二〇年三月二四日には、松林操という女性職員（三〇歳）が亡くなっている。食料難や栄養失調は子どもたちだけの問題ではなくなっていたのだろう。

平安養育院の昼食は、いつも代用食といって、うどんかパンのどちらかが出た。おかずは何もない。うどんは一杯目を食べるとおかわりできる。けれど、用意された量が少なく全員にはいきわたらない。そのため、どのようにして早く食べるかが孤児たちにとっての関心事だったという。食べなければ衰弱してしまうからでもあった。周りには栄養失調になった子どももいた。

「わきの下を締め、大急ぎでうどんを飲み込みました」。奥出さんは、当時を思い出しながらそう語った。

孤児収容所に子どもたちを定着させるため、国や自治体に代って役割を果たしたのがアメリカ軍だった。第一章2で述べたように、米軍にとって孤児問題は、日本占領をスムーズに遂行するために、解決せねばならない重要問題のひとつだった。駅周辺にたむろする不良化した孤児の群れは、治安悪化という大きな社会問題となっていた。

元戦争孤児の方に話を聞くと、必ず登場するのがアメリカ「進駐軍」である。戦争孤児たちは、気前のいい米兵に群がった。チューインガムやチョコレート、キャラメルなどを

平安養育院の中学生たち。左から２人目がヒロシ

投げてくれたばかりか、靴磨きをすればドル紙幣をくれた。生きていくためには、アメリカ兵の近くにいることが必要だったのだ。孤児たちは見よう見まねで英語を覚えた。

アメリカ兵のことで、ヒロシが覚えているのは奈良電車（現在の近鉄電車）大久保駅（宇治市）近くにあった米軍キャンプでのクリスマスだった（いま、キャンプ跡地は自動車教習所になっている）。一九五〇年頃のことである。年末のクリスマスに平安養育院の子どもたち全員がキャンプに招かれることになった。米軍トラックの荷台に乗せられて大久保キャンプに向かった子どもたちは、到着するやいなや目を見張った。サンタクロース姿の大勢の米兵がクリスマスソングを歌いながら待っていたのである。

一人の子どもに米兵一人と日本人女性一人がついた。この日本人女性は、「パンパンガール」と呼ばれた、街娼に身を落とした日本人女性だった。女性はもちろん日本語を話し、米兵との通訳もしてくれた。擬似的ではあったが、クリスマスの一日、孤児たちの父と母のようにふるまったのである。

米兵にボールを投げて当たると景品がもらえるゲーム。キャンプのあちこちに隠された宝物をさがすゲームなどを、ヒロシは心ゆくまで楽しんだ。ホットドッグやピザパイの露店も用意され、無料で食べることができた。まさに、子どもたちの楽園がそこにあった。

帰りには、両手で抱えきれないほどのプレゼントが用意された。大きなプレゼント袋に

1953年、米軍大津キャンプでのクリスマスパーティーに招かれた孤児たち（積慶園提供）

は寒い冬を乗り切るため、セーターや靴下、運動靴などが入っていた。ヒロシはもらった運動靴を履かなかった。ふだんは裸足《はだし》で生活し、小学校の運動会や遠足など特別な日だけ運動靴にした。サンタクロース姿の米兵からは、お菓子の袋も手渡された。ヒロシが食べたことのないお菓子があった。チョコレートである。アメリカ製チョコレートはほっぺたが落ちるほど甘く美味しかった。

「毎日少しずつチョコレートを食べた。食べ終わった後も、包装していた銀紙は棄てられなかった。チョコレートの香りがついているから。銀紙の匂いをかぐと、どんなに幸せな気持ちになったかわかりますか？」 インタビューの途中で、奥出さんはこう語った。

米軍のクリスマスプレゼントのほかに、ララ物資と呼ばれるプレゼントもあった。ララ物資とは、アメリカのサンフランシスコ在住の日系人浅野七之助が一九四六年に創設した「日本難民救援会」を母体とするララ（LARA：Licensed Agencies for Relief in Asia）の救援物資のことである。戦争中に四四か国で結成されていた連合国救済復興機構（一九四三年）は、敵国も含めて大戦終了後の緊急食料・生活・医療物資の補給をめざして準備を進め、ララを支援する態勢を整えていた。ララ物資に日系人が関わっていることは伏せられ、当時は米軍の支援物資とされた。食料をはじめ毛布やセーターや医薬品など多様なものが日本に提供された。戦争孤児収容施設にも、ララ物資が送られてきた。施設の子たちは、こんな歌を歌ったという。

アイスクリームにチョコレート
日本のみんなに下さった
ララのみなさんありがとう。

アイスクリームはアメリカから送られた原材料でつくられ、支給されたのだろう。子ど

共同募金のため街頭に立つ孤児たち（積慶園提供）

もたちにとってアイスクリームとチョコレート、ジープのガソリン臭は豊かなアメリカ社会を象徴するものだった。ララ物資の洋服を着た戦争孤児たちは、「ララ・ボーイ」「ララ・ガール」などと呼ばれた。

ララ物資はアメリカ国内での募金を資金としたが、一方日本国内においても、募金運動が展開された。戦災者への募金を目的として、一九四七年からGHQの提唱で始められた赤い羽根共同募金（歳末助け合い）である。晩秋から歳末にかけて、この共同募金の集め手に、戦災者の象徴的存在であった戦争孤児たちが動員されていた。

「じつは赤い羽根の共同募金は、いい収入になったのです」と奥出さん。赤い羽根は五円、共同募金バッジは二〇円が原価だった。

原価を除いた余分なお金は、ヒロシの収入になった。だからヒロシはバッジではなく、原価の安い羽根を売るようにした。

平安養育院の他の子どもたちは繁華街に繰り出し募金を訴えたが、ヒロシは単独で行動した。日本人は全般的に貧しかったのであまり募金してくれない。だから四条烏丸《しじようからすま》の丸紅ビルにいたアメリカ兵に声をかけたのである。日本人女性を連れている米兵は、女性にいいところを見せようと、一ドル紙幣や一〇〇円札を赤い羽根の代金として支払った。日本女性たちは、晩秋の寒空の下、裸足で募金をするヒロシに同情し、米兵に大枚をねだったのだ。

奥出さんには、心に棘《とげ》が刺さったような記憶が二つある。一つは憲兵あがりの指導員Nのことである。憂さ晴らしのように子どもたちを殴ったNは、鬼のように恐れられていた。北元昌性・元平安養育院指導員（のち施設長だった人）もその指導員のことを憶えており、元憲兵の僧侶だったと語ってくれた。

ヒロシが小学校低学年の頃である。規則を破ったヒロシに対する懲罰として、Nは酷寒の時期に水道の下にヒロシの頭を突き出させ、冷水を三〇分以上流し続けさせたという。冷たさで頭がしびれ、ヒロシは何も考えられなくなり、そのまま倒れてしまった。Nは敗戦のなかで、元憲兵としてのやり場のない気持ちを孤児たちにぶつけたのだろうか。しばらくして、Nは平安養育院を辞めさせられたという。
もう一つは、別の指導員Sのことである。一九五〇年頃、平安養育院の指導員を辞めた
そのSは京都の私立大学に入学、アメリカの大学に留学した。帰国後、大学で教員などを

平安養育院の指導員（手前）と孤児。右がヒロシ

したあと、京都の社会福祉法人の理事長となった。Sは奥出さんに「一〇〇万円出せば理事になれる」という話を持ち込み、奥出さんは金を工面したが、結局、理事にも職員にもなれなかった。奥出さんが抗議し、一〇〇万円は返金されたという。孤児施設の指導員が孤児たちの人格をまるごと支配し、利用しようとする悲しい事例のひとつである。

こうした、いわば虐待ないしは不満の体験は、戦争孤児だった人への聞き取りのとき、多くの場合、真っ先に登場し、逆に孤児施設の温かい話は後から思い出すことが多いようだ。奥出さんの場合もそうだった。奈良から通勤していた女性指導員Yは、夏休みになるとヒロシたち数人を家に泊め、プールなどに連れて行ってくれたという。その女性指導員の話をするときの奥出さんは、とてもやわらかい表情になった。

孤児であったために小学校でいじめられたり、差別されたりすることもあったが、平安養育院の仲間たちの団結で乗り切ってきた。ヒロシは音楽の時間に歌うのが好きだった。歌っているあいだは、いやなことを忘れられた。ヒロシはくよくよすることはしなかった。大きな声でいつも笑うようにした。けんかもよくしたが、元気な男の子だった。

快活で歌のうまかったヒロシは、百万遍《ひゃくまんべん》（京都市左京区）にあった劇団くるみ座の子役に抜擢された。くるみ座とは京都を中心に活動していた新劇の劇団で、隆盛期には多数の劇団員をかかえていた。東京の文学座や劇団民藝などと並ぶ著名な劇団だった。この劇団の子役にヒロシが選ばれた。ヒロシが通っていた子どもばかりの小劇団にくるみ座からオファーがあり、ヒロシに白羽の矢が立ったからだ。

「北村先生にはかわいがってもらいました」。ヒロシの述懐に出てくる、北村とは北村英三のことである。京都大学在学時代、くるみ座創立とともに参加し、俳優や演出家として活躍するとともに、多くの演劇人を育てた。

このようにヒロシにとって平安養育院の居心地は悪くはなかったが、それでも母がいない淋しい思いにさいなまれ、トンコすることもあった。

あるとき、近所の子どもたちと遊んでいたら夕方になった。他の子は母親が迎えに来る。西の空が茜《あかね》色に染まり、子どもたちの姿がなくなると、一人ぽつんと残されたヒロシはこみ上げてくる淋しさで胸がいっぱいになった。気がついたら、裸足のままトンコしていたという。

トンコしたヒロシが真夜中に京都市内を歩いていたら、おでんの屋台に出くわした。うまそうな匂いがしたが、金はない。屋台には若い新聞記者がいて、ヒロシに声をかけてくれた。

「ぼん、どこから逃げてきたんや?」

「白川の施設から……」。白川の施設とは、平安養育院のことである。

「今日はおれのところに泊まれや。明日になったら届けてやるから。腹減ったやろ、とりあえず食えや」

ヒロシは下を向いたまま、泣いていた。

一九四六年にトンコした姉のS子が、ヒロシに連絡をくれたのは、ヒロシが小学校高学年になってからだ。S子は平安養育院をトンコした後、「狩り込み」されて別の施設に入れられ、またさらにそこからトンコするということを繰り返していた。だが、ようやくその頃になって、施設での生活になじむようになっていたようだ。その当時、S子がいたのは左京区・岡崎にあった平安徳義会だった。

初めての職場、捺染ロール彫刻の工房で働く奥出廣司さん

ヒロシは弥栄中学校卒業後、同級生の岡本具道とともに「捺染《なせん》ロール彫刻所」に住み込みで働くことになった。義務教育を終えれば、平安養育院は出なければならなかったからだ。捺染ロールとは銅板

の円筒のことで、ここにプリント生地の下絵デザインを彫刻し、塗料をつけて布地に印刷する。持ち前の器用さもあり、ヒロシは彫刻師としての腕を上げていく。二年後には、同院後輩の原昌司、小谷庸三も働くことになり、四人は朝六時半に起床し、七時半には自転車で工場に出勤するという日々を過ごした。

捺染ロールの仕事を続けるうちに、同業者のなかに奥出さんの腕を見込む者があらわれた。奥出さんは新しい捺染ロール工房に転職した。その工房で、経営者の娘に出会い、結婚を申し出た。二歳年下だった相手もそれを受け入れてくれ、一九六四年、二人は結婚した。

日本人が着物を着なくなり、機械プリントが増える中で、捺染ロールはしだいに衰退していく。奥出さんは、友禅染、呉服屋など繊維関係の仕事をしていたが、それでは食べていけなくなることを予想し繊維の仕事は諦め飲食業に転身した。そば屋や寿司屋、たこ焼き屋などをしたあと、一九九三年に宇治市内に鉄板焼き店を開業することにした。この店が現在の鉄板焼店「でんでん」である。

二〇一三年一一月に奥出さんの家から、「結婚調査報告書」と書かれた古い手書きの冊子が出てきた。妻に結婚を申し込んだ時、妻の父が、奥出さんの両親が若くして亡くなっているので、遺伝するような病気を持っていることを心配して興信所に調査を頼んだのである。この報告書がきっかけで、奥出さんの出身地が三重県だったことや、父母の経歴などが判明した。

3　大人に反抗的だった姉

ヒロシの姉S子は、一九四五年秋に父親を京都駅で亡くし、翌年二月に弟とともに平安養育院に収容されるまで、京都駅とその周辺をねぐらにして、約三か月間、六歳の弟と二人で暮らしていた。学校に通っていれば小学三年生。まだ八歳の女の子だった。

駅で写された戦争孤児の写真のなかで女児のものはきわめて少ない。孤児施設での写真には女の子は写っているが、駅や街頭で生活する少女はあまりいなかった。少女は好むと好まざるとにかかわらず、施設に収容されることが多かった。S子は駅や街頭で生活した数少ない女の子の一人だった。

平安徳義会でS子を受け持った指導員の今西ゑみは、彼女のことを、「気に入らぬことがあると、すぐふくれた顔をするのが欠点」だったと語っている。それくらい意思が強かったのである。そうでなければ、弟と二人して京都駅で食べていくことはできなかった。京都市東山区の北白川にあった平安養育院を飛び出したS子が、どのような経路をたどって岡崎の平安徳義会に入ったかは本人もよく覚えていないという。

「思い出したくないことは、どんどん忘れるものです。養育院の生活は強制されることがほとんどでした」と話す。

食べることが生きることにつながっているという当時の生活のなかでは、わずかばかりの食料を分け合う養育院よりは、駅周辺で食べ物を得る方が現実的だと、彼女は判断したのだろう。それにしても、幼い弟を残しての逃亡は、その決意の凄さを感じさせる。

さまざまな施設に入ったり、駅で生活したりしていたS子だったが、やがて保育士になりたいと思うようになった。目的を持ったことで、保育園を併設している平安徳義会に落ち着くようになっていった。S子はよく勉強をした。もともと利発だったこともあり、成績はぐんぐんと伸びた。絵を描くことが大好きで、展覧会に何度も入選するほどだった。

数年間は弟のいる平安養育院に足を向けなかったが、平安徳義会での生活が落ち着いてくると、残してきたヒロシのことが気になるようになった。血を分けたただ一人の肉親なのである。数年後、S子はヒロシに会うため、平安養育院の扉を叩いた。対面した二人がどんな話をしたかは教えてもらえなかった。

S子は中学卒業後、高校進学を希望した。しかし、平安徳義会には授業料を払う予算がなく、進学を諦めざるを得なくなった。資格のいらない保母助手として平安徳義会に残って仕事をする道を選んだ。

ある時、雑誌を見ていたら、ペンフレンド募集欄に若い男の名前があった。その男の生年月日を見て驚いた。自分と同じだったのである。それは、その頃から流行り出した聖バレンタインデー（二月一四日）でもあった。S子は運命的なものを感じ、その男に手紙を書いた。男の住所は埼玉県だった。こうして文通が始まった。

S子は自分の生い立ちを包み隠さず男に告白した。そんな彼女の率直さに男は好意をもった。濃密な文通の後、二人は会うことになった。会うといっても、S子が遠出をするわけにはいかない。

「京都に来てほしい」。彼女は手紙に書いた。

だがどこで会うか迷った。仕事をしている平安徳義会に来てもらうわけにはいかない。孤児として収容されていた時期を経て同じ施設で働くようになった彼女に対し、仕事への評価などの面で、周囲からは微妙な厳しさを含んだ視線が注がれているように感じていた。そういう彼女が公然と男女交際をしたら、何を言われるだろう……。「孤児の女と若い男の恋なんてうまくいくわけない。きっと棄てられる」と思われるんじゃないか――そう感じたのだ。

「そうや、京都市美術館！」同美術館には展覧会の入選作品となったS子の絵が展示されていた。絵は就職後も続けていたし、自分の絵のある美術館ならば、話がはずむかもしれない。

美術館で出会うなり、S子はその男を異性として意識した。彼もまた、美しい彼女に一目ぼれした。

「君が住んでいるところに行きたい」。男は思いつめた声で言った。

「孤児院なのですが、いいのですか？」

「そこで君が暮らしているなら、ちゃんと見ておきたいんだ」

こうして男は、事前にきちんと連絡し、平安徳義会を訪ねた。施設としても、男の訪問を受け入れることにした。

「君の人生は、灰色の人生だったんだろうか？」と男は言った。「いいえ、あなたに会ったことで、その灰色が真っ青な色に変わりました。こんなところにまで来てくれるなんて信じていませんでした」。S子はそう言うと、その場にしゃがみこみ泣きじゃくった。

男は埼玉県浦和市にある実家に帰っていった。一週間後、S子は男を追いかけて浦和に向かった。彼女らしい行動力である。

教えられた住所を訪ね、S子は驚愕《きょうがく》する。六五〇坪もある大邸宅だったのである。男には五人弟妹がいた。職業は土地家屋調査士。土地家屋調査士は国家資格であり、測量と不動産に関する登記の専門職だった。父も母も健在だった。

男は両親にS子を紹介した。

「この人は孤児ですが、音楽や絵画の才能があり、勉強の成績も素晴らしいし、性格も申し分ありません。ぼくの嫁にしたいと思っています」

男の両親は結婚を承諾した。S子のことを気にいったのである。男の邸宅に一泊して、彼女は平安徳義会に戻った。

浦和に行ってから三か月後、S子は徳義会を退職した。段ボール二箱を浦和に送り、一九六一年一月に結婚した。

元平安徳義会指導員の今西ゑみが、S子と埼玉県で会ったのは、彼女が結婚してから十数年後のことである。二人は平安徳義会時代のことを思い出し、涙を流し続けたという。

弟の奥出廣司さんは、姉のことを「よくできた人でした。絵もうまいし、ピアノもひくし、勉強もできる」と自慢げに話す。弟にとって憧れの姉だったことがその言葉からもわかる。

奥出さんもまた、芸術的才能があり、彫刻の腕は見事だし、歌もプロ級である。小学生の時は、劇団にも所属した。両親がどんな人だったのかの記録はないが、芸術的雰囲気に満ちた家だったのかもしれない。

第三章　伏見寮の人々

1 「赤いお屋根」

二〇一三年八月三日付の京都新聞朝刊に「戦災孤児の姿　今に」というタイトルの記事が掲載された。記事には、立命館大学国際平和ミュージアムで展示された「空き缶コップを持つ少年」の写真が添えられた。同じような内容の記事と写真が、共同通信経由で全国の地方紙に配信された。

記事を見て電話をくれたのが、京都伏見一時保護所「伏見寮」(京都市伏見区)にかつて父親といっしょに住み込んでいた川崎泰市さん(二〇一三年現在八一歳、京都市在住)だった。伏見寮が完成するまでは、京都駅で「狩り込まれた」(保護された)孤児たちは積慶園などにすぐに収容されたが、一九四七年に伏見寮ができてからは、保護観察期間が設定され、伏見寮において孤児一人一人に合った施設が指定されることになった。

伏見寮は京都府の所管する、戦争孤児たちの避難所だった。京都府の施設として、敗戦の翌々年の一九四七年四月に設立された。所長は小島周治。第一寮と第二寮があり、第一寮には小学生と中学生以上の女子、第二寮には中学生以上の男子が収容された。戦争孤児たちを寮で生活させ、適性を見極めてから他の孤児収容所に送るのが伏見寮の役割だった。正式名称は「京都伏見一時保護所」である。あとで述べるように現在は残っていない。

「狩り込み」によって集められた孤児たちは、伏見寮から市電を使って京都駅方面に逃亡したという。市電は改札口を通らずに乗れるため、不正乗車しやすかったからだ。

伏見寮には、孤児たちの逃亡を防ぐために、外からカギがかかり、太い木の格子がはめられていた部屋があり、逃げそうな子はそこに入れられた。だが、部屋の中にあった汲み取り式便所に布団を突っ込み、屎尿《しにょう》の上に布団を重ねるようにした上で、便器の穴からそこに降り、汲み取り口を通って外に逃げた孤児もいたというから、子どもたちの逃亡への意思はすさまじいものだった。

川崎さんの父・国之助さんは伏見寮の指導員だった。伏見寮を手伝いに来ていた学生の森川康雄さんとともに「伏見寮歌集・ゆり籠」を製作した。歌集の冒頭に、国之助さんの次のような言葉が紹介されている。

ゆりかごのことば
うれしいときも　かなしいときも

伏見寮の歌集「ゆり籠」
（川崎泰市さん提供）

この『ゆりかご』をそっと開いて唄いませう
うれしいときは　大きな声で
かなしいときは　小さな声で

久仁《ママ》之助

川崎国之助さんが作詞し森川さんが作曲した「赤いお屋根」と「伏見寮の夢」を紹介しよう。

赤いお屋根

作詞　川崎国之助
作曲　森川康雄

一　しあわせの風に吹かれた小鳥だよ
今日も仲よく飛んできた
赤いお屋根の伏見寮
さあさ遊ぼう元気よく
ハッピー　ハッピー　チルドレン

二　しあわせのお家みつけた小鳥だよ
今日も仲よく歌うのだ
赤いお屋根の伏見寮
さあさ歌おうほがらかに
ハッピー　ハッピー　チルドレン

三　しあわせの風に吹かれて行くんだよ
今日も元気に飛んでゆく
赤いお屋根の伏見寮

さあさ良い子になるんだよ
ハッピー　ハッピー　チルドレン

伏見寮の夢

作詞　川崎国之助
作曲　森川康雄

一　ワッと泣きたい時がある
父さん　母さん　遭《ママ》いたいよ
ゆうべ見た夢　母さんの
だっこしている　ぼくの夢

二　想い出しては泣いている
伏見のお庭の月見草
チ、チロ　虫鳴け　母さんが
歌ってくれた　子守歌

伏見寮の夢

詞:川崎国之助
曲:森川康雄

赤いお屋根

詞:川崎国之助
曲:森川康雄

三　空のお星も泣いている
　月はお星の母さんか
　やさしい伏見の先生も
　泣くのじゃないと　泣いている

「赤いお屋根」と「伏見寮の夢」は対照的な内容の歌詞である。「ハッピー　ハッピーチルドレン」と孤児たちを元気づける「赤いお屋根」にたいして、「伏見寮の夢」は亡くなった父母を恋しいと泣く歌詞だ。「泣くのじゃない」と言う先生自身が涙を流しているという、この歌詞は川崎国之助の体験から書かれたのであろうか。「伏見寮の夢」は、新しい孤児収容施設に出て行く子どもたちとの別れの歌として、みんなで歌ったという。

川崎国之助さんは故人となっていたが、当時学生だった、作曲者の森川康雄さんは京都府城陽市にご健在であった。二〇一三年九月五日、筆者は川崎泰市さんとともに森川家を訪問した。森川さんが国之助さんの退職祝いに贈った録音テープを川崎泰市さんが流したところ、懐かしそうに聴いておられた。カセットテープには森川さんが伴奏しながら歌う「赤いお屋根」と「伏見寮の夢」が録音されていた。

伏見寮の全景（川崎泰市さん提供）

テープを聞いた森川さんが、作曲した当時のことを思いだし、楽譜にしてくれた。森川さんは二〇一五年三月に八八歳で亡くなった。

「赤いお屋根」は伏見寮の屋根が実際に赤かったことにもよるが、戦争孤児施設を舞台にしたＮＨＫのラジオドラマ「鐘の鳴る丘」（四七年から五〇年まで放送。のち映画化）の主題歌の中に、「みどりの丘の赤い屋根」という歌詞があったことも影響しているのではないか。「鐘の鳴る丘」は、連合国総司令部（ＧＨＱ）内にあった民間情報教育局（ＣＩＥ）が、戦争孤児救済のための番組の放送をＮＨＫに指示したことから、製作されたといういきさつがある。

伏見寮の歌集の名前「ゆり籠」は、「鐘

の鳴る丘」の主題歌を歌った川田正子が所属した合唱団「ゆりかご会」にちなんでいるのかもしれない。

とんがり帽子（鐘の鳴る丘）　作詞　菊田一夫
作曲　古関裕而
唄　川田正子

一　緑の丘の赤い屋根
とんがり帽子の時計台
鐘が鳴ります　キンコンカン
メーメー小山羊《こやぎ》も啼《な》いてます
風がそよそよ丘の家
黄色いお窓はおいらの家よ

二　緑の丘の麦畑
おいらが一人でいる時に
鐘が鳴ります　キンコンカン

鳴る鳴る鐘は父母《ちちはは》の
元気でいろよという声よ
口笛吹いておいらは元気

三

とんがり帽子の時計台
夜になったら星が出る
鐘が鳴ります　キンコンカン
おいらはかえる屋根の下
父さん母さんいないけど
丘のあの窓おいらの家よ

四

おやすみなさい　空の星
おやすみなさい　仲間たち
鐘が鳴ります　キンコンカン
昨日にまさる今日よりも
あしたはもっとしあわせに

2　孤児を支えた指導員

「この写真は伏見寮出身の孤児二人の結婚式です。青年は山本清一くんと言いました。一九六〇年くらいのものやと思います」

「どこで写されたのですか?」

「たしか、大善院やったと……」

「たしかめてみますね」

二〇一三年九月一一日、京都府宇治市六地蔵にある正行寺を訪れたときの会話である。話をしてくれたのは、正行寺住職の和田弘之さん（故人）の妻・智子さんだった。

「主人は大正一〇年生まれでした。私は昭和四年なので、ずいぶんと年下でした」

弘之さんは元伏見寮職員だった。家が寺だったこともあり、何人もの伏見寮の孤児たちを家に寝泊まりさせていたという。

大善院で結婚式を行った孤児のカップル。新郎は山本清一

「今で言えば公私混同ですが、当時はあたりまえでした」

山本清一の結婚式が開かれた大善院とは、真宗佛光寺派大善院（京都市下京区）のことである。大善院の佐々木正祥住職に問い合わせたところ、次のようなメールが返って来た。

写真ありがとうございます。確かにうちの本堂での写真ですね。今は飾っていませんが後ろの軸や額縁の写真などでわかります。こんなことがあったとは大変びっくりしました。新郎新婦前の丸刈りの人物は、頭の形などからしておそらく祖父の元祐かと思いますが、確定はできません。

大善院住職・佐々木元祐（一八九五〜一九七七年）には、長男・延祥（佐々木正祥現住職の父）、次男・元禎（シベリア抑留から帰還するも二二歳で死去）、三男・元禧など五人の息子がいた。元海軍特攻「回天」乗務員・佐々木元禧は、戦後、伏見寮指導員となった。佐々木元禧は、伏見寮指導員だった頃のことを思い出し、一九八七年、こんな一文を書いている。

四十年ぶりの「舞台町」訪問記

七月二十六日の夕暮れ時、伏見は西丹波橋の「舞台町」を訪れる機会を得た。四十年ぶりのことである。

……

「伏見児童相談所」の跡は、児童公園になっていなければ、それと分からなかったであろう。すべり台などがお義理に置いてあるが、だだっ広い感じさえする広場は、人の子一人見当たらず夏草が生い茂っている。当時、門を入ったところに在った池——あのこんこんと泉が涌き出ていた池——は跡形もなく、在った場所も定かではない。

……

伏見寮の子どもたちの遠足。天橋立にて（川崎泰市さん提供）

児童公園前から東に延びる道には、すぐに伏見学園の跡と判る門とカイヅカイブキの生け垣が見えた。ただ、門の中はすっかり変わっていた。門標には「社会福祉法人・伏見住吉福祉会」「住吉西保育園」とあったが、夕刻ということもあって、静まり返っている。二本のシュロの樹は伏見学園当時のもののように思われた。門と生け垣を除けば、周辺には往時の面影は全くない。

佐々木元禧の手記をもとに、筆者は二〇一三年一〇月二〇日午後、川崎泰市さんの案内で京都市伏見区舞台町周辺を散策した。

佐々木元禧がここを訪ねたのは、伏見寮のあった当時から「四十年ぶり」であり、

伏見寮の子どもたち（山西重男撮影）。中央の女の子はシラミ退治のため丸刈りにされた

私の訪問はそれから二六年後のことである。伏見寮（伏見学園）の跡地は、二六年前の時と同様、第一寮のあった場所が舞台公園、第二寮のあった場所が「住吉西保育園」となっていた。保育園の庭には市電の車両がモニュメントとして置かれていた。

児童公園の横の集合住宅の敷地内に、一九三一年五月に建てられた「社會館建話」の碑があり、ここに「本館」「授産所」「乳児院」等があったことが記されている。地域の人びとが土地と資金を拠出して建設した「社会館」（財団法人伏見方面事業後援会）を戦後の伏見寮開設時に京都府が借り受け、伏見寮の建物とした。一九五〇年六月、同後援会から京都府に建物が寄付された。

旧市電跡を目指して歩いていくと、路地に地蔵堂があり、「舞台町子供会」と書かれた布切れが吊るされていた。伏見寮の子どもたちは、地域の子どもたちと京都の夏の伝統行事である地蔵盆で交流したのだろうか。

土地の人によると、近くの高瀬川堤防には、かつて京都市営の火葬場があったそうである。京都駅で亡くなった奥出廣司さんのお父さんや、衰弱死した戦争孤児たちはこの火葬場で焼かれた。火葬場の近くにあった伏見寮で死んだ孤児たちもここで骨になった。佐々木元禧は、この火葬場から伏見寮で亡くなった子どもの遺髪と遺骨八体を実家の大善院に持ち帰った（一一八ページ）。川崎さんと筆者は、ようやく火葬場のあった場所を見つけたが、現在そこには廃業したパチンコ店の建物があった。

川崎泰市さんは、長年にわたって伏見寮（京都府伏見児童相談所も含む）職員名簿を保管・整理してきた。私が森川康雄さん、和田弘之さんをはじめとする多くの職員の方の名前を見つけたのも、この名簿（一九九一年一〇月一日調査）からである。名簿の作成者は佐々木元禧だと思われる（川崎泰市さんの証言）。

名簿の裏面には、伏見寮の所在地が京都市伏見区舞台町三八の四〇番地であり、開設が一九四七年四月とある。また、一九四八年一月の児童福祉法の施行に伴い、伏見寮と第二伏見寮を改組して、伏見児童相談所が発足したと書かれている。そして第二伏見寮は一九四九（昭和二四）年四月に児童相談所の付属施設として養護施設伏見学園となった。児童相談所や伏見学園に改組された後も、実態としてはそれ以前と基本的に変わらず、子どもたちを収容していたようだ。

伏見寮時代の川崎泰市さん（左）と指導員の荻野敏男さん

全体の敷地面積は、七八九坪（約二六〇四平方メートル）で、そこに二つの建物があった。小学生と中学生女子のいた旧第一伏見寮（伏見児童相談所）は木造瓦葺《かわらぶき》二階建て（一階一八〇坪、二階一一〇坪）、中学生男子のいた旧第二伏見寮（伏見学園）が木造平屋建て

（九二坪）である。後に、これに乳児館（三五坪）も加わった。定員は一〇〇人、職員は二七人だった（一九四八年）。

名簿にある住所のわかる方々に、これまで筆者が調べた資料などを入れた封書を郵送したところ、何人かの方から電話などでの連絡があった。伏見寮指導員・山西重男の親族の方からは、川崎泰市さんを経由して「京都府立伏見児童相談所内伏見寮退職・昭和三六年八月一〇日・山西重男兄・以和貴会」と書かれたアルバム資料の提供があった。山西の退職記念写真集である。写真につけられた文章から、当時の伏見寮の様子を探ってみよう。なお、文中の孤児の名前は、存命の可能性のある人については、一部プライバシーに配慮し、変えてある。

東條ユキ子　まだ兄ちゃんが伏見寮にゐると思ってゐるのには断腸の思ひだ。カンベンして呉れユキちゃん　合掌　二十六年三月二十二日

兄が伏見寮で死去し火葬されたこともしらず、ユキちゃんはお正月の装束に羽子板を持って写真におさまっている。

亡くなった東條正一の家族。撮影したのは山西重男

東條正一君（十三）
安かれ永久に鎮まれ。
二十五、十二、八（京阪電車事故死）その家族と　二十六年新春

速度の遅い市電は安全だったが、京阪電車や奈良電車（現在の近鉄電車）は危険だった。

孤児のなかには偽名を使う者もいた。「国岡恵美子」と名乗っていたが、あとで本名が「三浦栄子」とわかった者もいた。自分の名前がわからない子どももいて、その場合は伏見寮の指導員が名前をつけた。三条京阪駅で見つかったので「三条圭子」など、保護された場所にちなんでつけられる名前もあった。

山西重男の残した写真には「伏見の子、俺らの子」「皆早く幸せになってくれ」などの文章がつけられている。「昭和二十六年三月十一日（兄の遺品、ミノルタにて）」とある。山西は写真を趣味としていた。

写真の傍に書かれた孤児たちの名前を列記してみよう。

山脇良男　九
全　得根　一〇
田中貞子　一四
土田　静　一二
大竹　進　一五
橋本恵美　一四
国岡恵美子　一五
杉原愛子　一二
瀬能愛子　一五
坂下幸子　六
秋山光男　一七

東　秀樹　九
馬渕志夫　一一

中には朝鮮人らしき名前もある。名前だけではなく、文章をつけたものもある。

脇田滋雄　六　伏見寮のマスコット〝ターザン〟
萩原正子　一六　全くの孤児　二十五、十二、一退寮
投手板を奪い合って喧嘩して家出した野球狂児庄司頼功　一五　横須賀市浦郷一三六八
〝無邪気〟横山裕子　京都市中京区丸太町御幸町角
平安徳義会　西山君子

「全くの孤児」とは、両親がいないという意味である。そのことから逆に、親がいるの

に伏見寮につれて来られた子どももいたようであることがわかる。

学校に通いながら、伏見寮の指導員を務める者もいた。川勝和幸はもともと戦争孤児だったが、定時制高校に通いつつ伏見寮職員として働いた人である。後に京都府立淇陽《きよう》学校（児童自立支援施設）校長、児童養護施設青葉学園長などを務めた。

伏見寮の子どもたち

〝伏見の田之助〟泣くな泣かすな　あの娘と子供を　川勝和幸　伏見桃山高校二年生　伏見児相、相談部

指導員の息子もいっしょに生活していた。小島康博と川崎泰市で

ある。力のある陸上選手だった川崎は、母校である平安高校の体育教師となる。

似てる似てる　親玉に　小島康博君　所長第二世

〝『ヘルシンキ』への男〟　川崎泰市　平安高等学校（陸上の一五〇〇メートル走の記録保持者でヘルシンキ・オリンピックに出場できるという意味——引用者）

最後は、伏見寮の指導員である。

〝奥丹後の酒呑童子〟　道家惠一氏　東山府税事務所に転

〝どう見ても坊さんに見える〟　和田指導員　宇治郡東宇治町大和田

慈姉　磯貝恭子　京都府大丸百貨店会計課　二十六、五、二十七

父とともに高校二年生まで伏見寮で暮らした川崎泰市さんは、筆者宛の手紙のなかで、

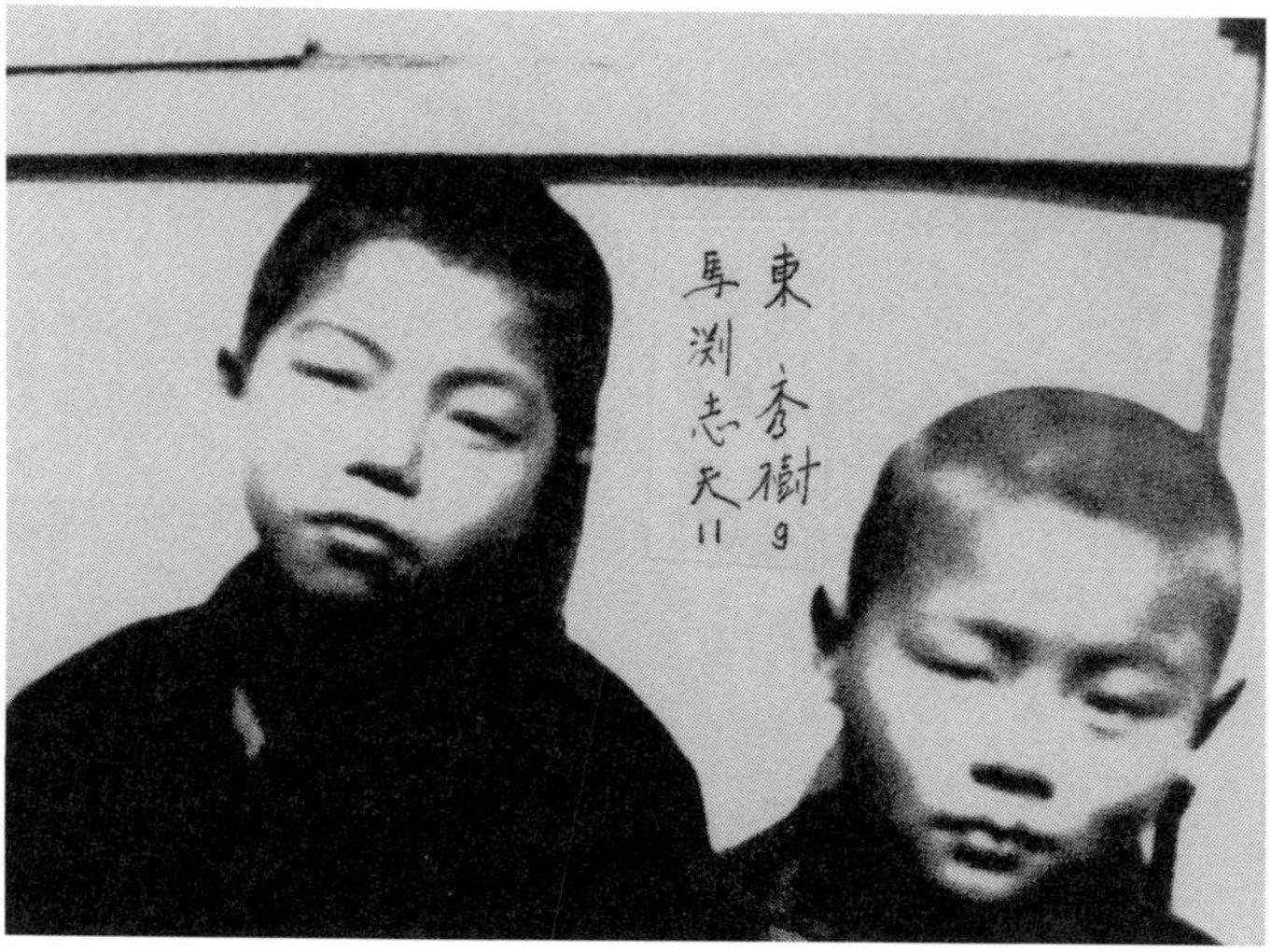

伏見寮の子どもたち(山西重男撮影)

当時の生活の様子について次のように述べている。

私の父・国之助はこの伏見寮に一九四七年に指導員(会計担当)として勤務。指導員家族は原則として同居しなければならず、その家族は寮内に一室を与えられる。職員はほとんどが独身者であった。妻帯者であった父は、平安中学校二年生の私のみを同居者として寮に住まわせていた。

京都駅付近での放浪孤児を七条警察署が保護し、警察が伏見寮に収容連絡をすると、指導員が丹波橋から市電に乗って引き取りに行くのである。保護された孤児の数が多い時には私も引き

1948年、伏見寮の指導員たち。右から田中、川崎泰市、荻野敏男、川田、川崎国之助。撮影は山西重男。田中、川田の両氏は名前は不明

取りの協力に行った。子どもたちの京都駅での生活は、靴磨きによって金を得るものもおれば、カッパライやスリの常習者もおり、彼らはいつも無賃乗車をしていた。

連れられて来る子どもは裸足であったり、下駄ばきであったり、服はボロボロが多く、その上身体にはシラミをつけており、寮に着いたならば直行で風呂に入れられた。ボロボロ服は、シラミを殺すために煮沸をして再利用することもあった。

女児には頭に毛ジラミがおり、幼児はバリカンで丸坊主にすることもあった。年齢の大きな女児は丸坊主を嫌がるので、酢を手拭いに染み込ませター

バンのように頭に巻いてシラミを駆除した。

その後は同年齢に分けて、大部屋で落ち着かせたのである。子どもたちの年齢は〇歳より一八歳頃までいた。伏見第一寮（児童相談所と併設）には、年齢で小学生頃まで、第二寮は一四歳から一八歳までとされていた。女児は第一寮におり、炊事の手助けや幼児の面倒を見させていた。

朝食は八時頃と思うが、一斉に食堂に集まり、ベークライト（プラスチックの一種）器に入れられたコッペパン、脱脂粉乳を指導員と共に食べるのである。昼食はすいとん汁（小麦粉に穀物の粉を混ぜて団子にしたもの）を、これもベークライト（茶色で丼の大きさ）に入れて食べた。夕食は米のご飯もあったが、その半分は麦・粟が混入されていた。米よりも多かったのが、豆かすご飯だった。豆かすは大豆から油を抜き取ったものを押しつぶしたもので、もともとは馬の餌にしたものだった。

アメリカからララ物資が送られてきており、砂糖やチーズもあった。ララの服は大きかったので、子どもたちには加工して着せた。

伏見寮の指導員の多くは、自治体職員として児童福祉の仕事にかかわり続け、そのなかには各地の児童相談所長や府立桃山学園（旧八瀬学園、四章参照）長、府立淇陽学校（児童自立支援施設）長などを務めた者もいた。

佐々木元禧は後に京都府広報課長となり、スタッフとともに蜷川虎三府知事に「憲法を暮らしに生かそう」のスローガンを提案した。もともとは「憲法を生かそう」だったのだが、「暮らし」という言葉を入れることで、生活に密着した憲法のあり方を打ち出すことに成功した。佐々木元禧たちの提案したスローガンは、長い間、京都府庁の正面に掲げられていた。「憲法を暮らしに生かそう」のスローガンが誕生したいきさつが、近年わかってきたので紹介しておこう。

一九六五年一月八日、年頭記者会見で京都府知事・蜷川虎三は、「今年からね、あたしゃ、憲法擁護の運動を行政として推進していきたいと思ってんですよ。具体的に申しますとね、五月三日の憲法記念の前後に、京都府として憲法をもりたてる行事をする。これに賛同してくれる催しなどに援助していきたいと思ってんです」と語った。知事の年頭記者会見を受け、京都府は全職員用に『ポケット憲法』を発行するようになった。この『ポケット憲法』を編集したのが、京都府広報課である。当時広報課員だった梶田富一さん（八二）は次のように語っている（聞き取りは二〇一五年四月。聞き手は京都自治労連委員長池田豊さん、同女性部長黒川美栄子さん）。

当時（一九六五年）、ポケット憲法には憲法以外に教育基本法、児童憲章が入っていました。教育基本法は憲法と横並びで考えていましたので当然掲載しましたが、児童憲章の選択は当時の佐々木元禧広報課長（故人）の判断です。佐々木さんは舞鶴の児童相談所から知事部局に異動で来られた方です。彼は児童福祉士でしたから思い入れもあったと思いますが、彼から「児童憲章を入れよう」と意見が出たのです。

（中略）

先ほど触れた「憲法を暮らしの中に生かそう」という（京都府庁舎に掲げられた）憲法垂れ幕ですが、一九七〇年の知事選挙を控えた六八年に、京都府にふさわしい標語をつくろうという話になりました。（広報課の）各課員がそれぞれに考えてつくった標語で投票したのです。その中に「憲法を生かそう」という標語がありました。新採で入ってきて間もなくの広報課員だった高見国生さん（現・認知症の人と家族の会代表理事）の標語でした。一般的だけれど、これで行こうかという話でまとまりかけたのですが、（佐々木元禧）広報課長、部長に相談したところ、当時の稲田達夫企画管理部長（故人）から「いいけれど、もう少し京都府らしいものがほしいなぁ」と意見がだされました。

あの頃、「憲法を守ろう」が社会党、「憲法改悪阻止」が共産党と、政治的にも明確に分かれていました。京都府の立場としては、これらを統一していく必要があるわけです。

稲田部長は知事のところへ相談に行ったのですが、「暮らしの中に」という文言を間に入れようかと考えているという稲田部長の話に、知事は「それはいいねぇ」となって、「憲法を暮らしの中に生かそう」という標語になったのです。

なぜ、憲法垂れ幕なのか、どこからそういう発想がうまれたのかですが、これは宣伝の仕方の考え方です。よく封筒に標語が書かれていたりしますが、宣伝効果としては弱いのです。佐々木（元禧）さんの後任の藤波清広広報課長（故人）が垂れ幕を提案して、「よしそれでいこう」と決まったのです。ですが、当時建物管理をしていた管財課が「困ります」と少し抵抗していましたね（笑）。この憲法垂れ幕は一九六九年十一月の憲法集会の二、三日前に府庁正面に掲げられました。

コラム　孤児を引き取った池本甚四郎

伏見寮の孤児たちのなかには、新制中学を卒業後、農家や篤志家に引き取られていくものもいた。山西重男の退職記念写真集（本書一〇三ページ）から二人紹介しよう。

「ウチは百姓が好きやで」と変わった男　秋山光男　十六歳　孤児
府下綴喜《つづき》郡田辺町　中野儀一方

病床の父を助く快男子
大谷昌夫　十七歳
府下久世郡小倉村　池本甚四郎方
だが一年後、奈良県少年刑務所から宇治市警とは………。

池本甚四郎は小倉村（現在は宇治市）村長から後に京都府議会議長となった人である。日本が中国東北部への侵略を開始する（いわゆる「満州事変」）前年、池本は、小倉村で発行されていた『郷土』第一一号（一九三〇年二月一五日）という雑誌のなか

秋山光男

で、「インテリゲンチャ　山本宣治君の死」というタイトルでこんなことを書いていた。

山本宣治は、治安維持法に反対し暗殺された宇治出身の労農党代議士である。

一国の代議士が議会開催中に、而《しか》も帝都の真中で暗殺された。正に大事件で、山本君の横死はこの点からも十分に取扱われ得る問題である。

……

同君の死は実に気の毒という外ない。なる程《ほど》、社会にあれだけのショックをあたえたわけだし、又主義に殉じたという点からは、死に花を咲かしたものといえようが、何としても同君としては、生きて尚信念に忠実である方が幸福であったのである。

英国正統学派の大祖アダム・スミスは死を予知して其《その》直前静かに原稿の整理をした。又之に対する近世社会主義の鼻祖マルクスは死ぬまでペンを放さず、書きに書いて机に倚《よ》ったまま死んでいたというが、一派の祖子ともなる人はすることが違っても真剣味があり、そぞろ敬虔の念を禁じ得ない。山本君の死に直面して、遥かに此等の偉人の事業が思い出される。

……

平素より私は、この国家社会に対しては勿論のこと、私有権にした處《ところ》で、それを否定すべき根拠を理論的にも実際的にも持ち合わさない。故に一部で山本君が目して居ったようなことが真実であるならば、根本の立場は相容れなかったであろう。然《しか》し私も又社会の現状は無条件で謳歌《おうか》する程完全とは信じ得ないから、これが改善、之が更新を必要とする点に於て同気たらざるを得ない。

戦前の日本で天皇制政府による反対者への厳しい弾圧に抗した山本宣治に共感し、その死を悼んだ池本が、その後の激動の十数年間を経て、戦後、戦争孤児を引き取った時の思いはどのようなものだったろうか。

3　大善院の遺骨と遺髪

真宗佛光寺派大善院に保管されている八人の遺髪と遺骨が戦争孤児一時保護施設「伏見寮」収容後に亡くなった孤児のものであることを確認したのは、二〇一三年八月末のことだった。きっかけは、大善院の住職だった佐々木正祥さんが、その少し前、筆者にくれたメールだった。佐々木さんは、たまたま、筆者がまとめた「京都周辺の戦災孤児」というパンフレットを読まれ、メールを下さったのである。


私は京都市下京区の寺院の住職ですが戦後、今は亡き叔父がしばらく伏見児童相談所で働いていたそうで、その当時、担当などをしていた孤児の方が亡くなられた時に、お骨を当時住職をしていた父親（私の祖父）に預けたそうです。

実はそれらのお骨や遺髪が現在も当寺にて保管されています。しばらくの間、それらを入れた仏壇が本堂の須弥壇《しゅみだん》の下などに入れられたままで、所在がわからなかったのですが、10年ほど前に再発見し、それ以来、本堂の内陣に祀《まつ》っています。

容器も年代も様々で、記入内容もそろっていないので、いわゆる「戦災孤児」の方のものかどうかはわかりませんが、昭和20年代に亡くなられた赤ちゃんから10代の方のものが多いようです。（七～八体）

さっそく大善院に出かけ、佐々木住職に会い、八人の遺髪と遺骨の存在を確認した。佐々木住職の叔父が元禧であり、2でふれたように大善院は元禧の実家だった。

大善院保管　遺髪・遺骨記録票（年代順）大善院作成（二〇一三年八月一六日記入）

氏名	内容	年代	その他
河勝春枝	遺髪		
藤井秀雄	遺髪		
釈尼妙心	遺髪		
釈　正信	遺骨	昭和二三年九月二〇日	俗名　伊藤正一　一六歳
釈　遊幻	遺骨	昭和二五年一月生	俗名　高山登　於伏見寮　四月四日死亡
釈知悦童女	遺骨	昭和二六年一月　日	俗名小林恵津子　伏見児童相談所
太田三郎	遺髪	昭和二七年一一月七日生　昭和二八年四月二七日死亡	午後2時　第2日赤
古川稔	遺骨	昭和三六年三月一〇日	

一九四八年ころまでの伏見寮に収容されていた戦争孤児のうち、亡くなったものについては、高瀬川の堤防にあった火葬場でまとめて焼いていたという川崎泰市さんの証言がある。伏見寮跡地（当時「舞台町」）は、すでに書いたように現在伏見区西丹波橋の児童公園

大善院に保管されていた孤児たちの遺骨や遺髪

となっている。

伏見寮職員だった佐々木元禧は、火葬する前に、自分が担当した孤児の髪を切り、遺髪として持ち帰ったのである。その後は、遺髪だけではなく、それぞれの遺骨を持ち帰ることができるようになったのだろう。持ち帰った遺髪や遺骨は、佐々木元禧の実家であった真宗佛光寺派大善院に預けられた。

佐々木元禧は三男である。寺には父の元祐がいた。寺を継いだ長男延祥は、父から預かったこれらの遺髪や遺骨を大切に保管してきたのである。

元禧のすぐ上の兄・元禎はシベリア抑留から戻ってすぐに病気で亡くなる。元禧自身もまた、人間魚雷「回天」の搭乗員だった。戦争に振り回されてきた自分や兄が孤児たちの人生とダブり、遺髪や遺骨を持ち帰り、供養しようとしたのかもしれない。

大善院や伏見寮指導員遺族の川崎泰市さんと相談し、二〇一三年一〇月二六日に「京都戦争孤児追悼法要〜証言・講演・音楽の夕べ」を開催することにした。大善院の佐々木住職からメールをもらってから二か月での「夕べ」開催だったが、関係者の年齢を考えると、翌年に先延ばしすることはできなかった。呼びかけ人は、以下のメンバーである。

古村正（積慶園園長）、佐々木正祥（大善院住職）、水野正美（平安養育院施設長）、木塚勝豊（平安徳義会養護院施設長）、川崎泰市（旧伏見寮職員遺族）、筆者。

法要の日、台風の進路が心配されたが、土曜日になると雨はあがった。新聞にこの「夕べ」のことが報道されたこともあり、約四〇人が参列した。そのなかには、筆者が教えている高校生、大学生の姿もあった。

伏見寮の歌は、作詞者の川崎国之助の息子・泰市さんが持っていた歌詞と森川康雄さんの歌を録音したテープ、森川さんが新たに書きおこしてくれた楽譜をもとに、筆者の教える高校一年生の白井有紀さんが歌唱指導してくれた。清らかな歌声のなかで、心のこもった追悼ができたのではないかと感じている。

参加した方の感想文を紹介しよう。

「戦争孤児」については、立命館大学国際平和ミュージアムでの戦争展へ訪れたときに初めて知りました。沢山の戦争孤児の写真が飾られていて、私くらいか、それよりも小さい子どもたちが苦しい戦後を生き抜いたのだと思うと、すごくかわいそうに思い、罪のない子供たちがどうして苦しまなければならなかったのかということを深く考えさせられました。また、講演で京都が全国で四番目の戦争孤児の街だったということも知り、いつも使っている京都駅にかつて、沢山の戦争孤児たちが飢えて暮らしていたのだと思うと心が痛みました。……忘れられつつある「戦争孤児」を、今だからこそ沢山の広い世代に伝えていくべきだと思います。もし、また日本で戦争が起これば、今度は私たちが「戦争孤児」になりうるということを心に留め、もう二度とこのような悲劇が起こることがないように私たちから働きかけていくべきだと思います。

追悼法要はその後も毎年開催され、戦後七〇年の節目の二〇一五年には第三回目を迎えた。三回目の追悼法要では、多くの方々の協賛を得て完成したばかりの「せんそうこじぞう」が披露された。「せんそうこじぞう」とは、戦争孤児と地蔵を組み合わせた合成語で、母のような大きな地蔵に抱えられた小さな子地蔵がデザインされている。それぞれの子地蔵は、戦災孤児、原爆孤児、沖縄の戦場孤児、引き揚げ孤児・残留孤児、国際（混血）孤児をあらわしている。デザインしたのは前出の白井有紀さんで、日本の起こした戦争の犠牲者である戦争孤児たちが安らかな気持ちになるよう心を込めたとのことだった。

台座正面の「せんそうこじぞう」の文字は、奥出廣司さん（第二章）、「いのちつなげて」の言葉は原爆孤児だった石川律子さんに書いていただいた。台座右側面には「『いのちつなげて』の言葉には、戦争でなくなった孤児や、戦後を生きぬいた孤児たちの尊い命を今につなげたいという思いを込めました」と記されている。

第四章　障害をかかえて

1　駅を転々とした全盲の戦争孤児

二〇一五年七月末、筆者は小倉勇さんと名乗る人からの電話を受けた。その人は「伏見寮にいた孤児」だと言った。小倉さんは同月一〇日に放送されたＮＨＫ大阪放送局制作「かんさい熱視線『〝駅の子〟たちの戦い～語り始めた戦争孤児』」に出演した奥出廣司さん（第二章参照）の「今、戦争について語らねば」という言葉を聞き、証言することを決意したという。伏見寮には第一寮と第二寮があり、第二寮には中学生以上の男子が収容されていたことについてはすでに第三章に書いた。小倉さんは、その第二寮で長く生活した体験を持っているとのことである。

同年八月二日、京都市左京区の銀閣寺近くにある小倉さん宅で話を聞くことができた。小倉さんは、奥出さんと同じ戦争孤児だった。二人とも、京都府の戦争孤児一時保護施設「伏見寮」にいたことがあり、「伏見寮の夢」などの歌を知っていた。奥出さんが京都駅で暮らしたときは六歳だったのに対し、小倉さんは一五歳だった。年齢の違いは体験してきた世界の違いにもつながる。しかも小倉さんは、戦後、全盲となった戦争孤児だった。

小倉勇さん（以下、回想的な内容の文ではイサムと表記する）は、一九三二年四月一一日に福井県敦賀市で生まれた。上に姉三人がいたが、いずれもイサムが子どもの頃他界している。だからイサムは一人っ子だった。イサムの父は船員をしていた。道楽者の父で、母マツはイサムをかかえ、苦しい生活を余儀なくされていた。

一三歳のときに敦賀大空襲（一九四五年七月一二日夜〜一三日午前二時の米軍による攻撃）に遭遇し、家で寝ていたイサムと母の二人が罹災する。父は船に乗っていて不在だった。母は勤労奉仕中に骨折し、足が不自由だった。

港町敦賀は中京や阪神地方と中国大陸とを結ぶ物資供給の重要中継拠点であり、防空態勢も整備されていた。ただ、それがあだとなってよもや空襲を受けるとは思わず、住民や軍のなかに気の緩みがあったという（『敦賀市史』第一巻「通史編」）。敦賀は太平洋地域からの疎開先にもなっていた。イサムは火の手があがった家から命からがら逃げ出したが、外には母の姿はなかった。足が悪く、逃げ遅れたのだ。

敦賀空襲は七月一二日からの大空襲だけではなく、三〇日、八月八日にも行われた。敦賀を空から攻めてきたのは米軍の戦略爆撃機Ｂ29だった。東京や大阪、神戸、名古屋などの大都市にはＢ29が投入されたが、それが一段落すると地方都市もＢ29の攻撃対象になっていく。敦賀ではB29による焼夷弾投下により、四〇〇〇戸以上が焼失、二万人が家を失った。一〇〇人以上が亡くなり、二〇〇人以上が負傷したという。敦賀の市街地の八割以上は焼失した（『敦賀空襲・戦災誌』）。

イサムは焼け出された翌朝、煙の立ち上る焼けた自宅前の防火水槽の中から、母の遺体を見つけた。母は水の中で布団をかぶったまま亡くなっていた。足を引きずり、燃え盛る炎を布団で避けながら、ようやく防火水槽にたどりつき、息絶えたのだろう。

母が亡くなった翌月の八月一五日、日本は戦争に負けた。もう少し早く戦争が終わっていたら母の死はなかったのにと、イサムは歯軋《はぎし》りした。朝鮮半島に行っていた父が九月には戻ったが、その父も翌年二月にチフスで亡くなった。極端な食料難により、日本中の人たちが飢えて体力を消耗させていた。チフスなど伝染病の致死率は非常に高かった。

父母を亡くし孤児となったイサムは、一九四六年三月、親戚の伯母（父の姉）の家を頼った。しかし、戦後の物不足のなか、親戚宅での暮らしは肩身の狭いものだった。少ない食料を、親戚の子たちと奪い合うような状態であり、伯母の表情はだんだん険しくなった。「親戚というだけで、何で面倒見なければならないのか」と言われた。耐え切れず、四月になるとイサムは敦賀を逃げ出すことにした。敦賀駅で乗車、福井駅に行き駅の待合室で暮らした。その後、無銭乗車を繰り返し、六月には東京駅にたどり着いた。

東京駅には孤児があふれていた。東京、そして全国各地から集まってきていたのだ。東京は一面焼け野原だったが、東京駅や上野駅の近くには闇市が立ち、食料が得やすかったからである。

最初はためらいもあったが、生きていくためにはどんな手段を使っても食料を得なければならない。「浮浪児」と呼ばれた孤児たちは徒党を組み、盗み、置き引き、空き巣など何でもやった。文字通り、弱肉強食の世界だった。主に一〇歳以下の子どもたちがやっていた靴磨きには大人の元締めがいた。

イサムは孤児になって以降、次第に目が見えにくくなっていた。後にわかったことだが視神経の異常に由来する緑内障だった。目の悪いイサムは、一人では何もできない。孤児仲間三人でグループをつくって行動した。イサムは年長だったが、窃盗などをするときには見張り番の役目を果たした。

この三人組の中に、山本勇がいた。福井駅からずっと一緒だった孤児である。同じ名前だったが、イサムはたぶん偽名だろうと直感し、山本を朝鮮半島出身者だと考えた。一歳年下のこの山本は泥棒の達人だった。どんな窓でもかんたんに開けてしまうし、家のなかにある金目のものを見つけるのもうまかった。「山本がいなかったら、ぼくは飢え死にしていたと思います」と小倉さんは言う。

「浮浪児狩り」（「狩り込み」）にあい、大塚にあった東京都立の孤児院に入れられたこともあった。抜け出したが、また「狩り込み」にあい、孤児院に入れられる。そんなことを何度も繰り返した。

孤児のなかには、刺青《いれずみ》をしたり、タバコを吸ったりする者も多かった。孤児院でもシラミや疥癬《かいせん》（皮膚病）に悩まされた。東京や上野に一年半いた。

「長崎の『聖母の騎士孤児院』に行けば、銀シャリ（白米）が食べられるらしい」。そんなうわさを聞いて、東京駅から「薩摩守《さつまのかみ》」を繰り返し、一九四七年の秋、長崎まで行った。「薩摩守」とは、平家物語に登場する薩摩国（現在の鹿児島県）の国司が「薩摩守忠度《ただのり》」だったことから、転じて無賃乗車（ただ乗り）を意味する、戦争孤児の中で通用していた隠語だった。

長崎では、一九四一年にアウシュビッツ収容所で命を落としたコルベ神父が、かつて一九三〇年に布教のため来日した際、同行して来日したゼノ修道士らが滞在しており、献身的に孤児たちの世話をしていた。「聖母の騎士孤児院」にしばらくいて、一九四七年の冬、関西に向かった。大阪の西成《にしなり》、神戸の三宮《さんのみや》などで食料を求め徘徊《はいかい》し、寒かったので大阪の「太陽の家」という孤児院に入ったこともある。その後、一九四八年の春先、京都駅に山本とともに向かった。敦賀を出てから二年近くが経っていた。

一九四八年四月、一五歳になったイサムは緑内障で左目が完全に失明した。医者にも行けず放置していたので悪化したのだ。右目の視力もしだいに失われていった。山本は病気のイサムを気づかってくれた。今でいえば、親友といってよかった。

その年の春は、毎日が寒かった。京都駅で震えていたとき、イサムと山本は「狩り込み」にあい、京都府の戦争孤児一時保護施設である伏見寮に連れて行かれた。

イサムはこの時、長い放浪生活に区切りをつけようと思い始めたという。それは失明への恐怖感からだった。山本とともにイサムと親しかったもう一人の友人は、この年（一九四八年）一月に大阪駅で自殺している。イサムは不安を募らせていたのである。

伏見寮でイサムと山本を事情聴取したのは、まだ年若い森川康雄指導員（第三章を参照）だった。

「イサムは敦賀の出身なんか。そうか、私も敦賀が故郷なんや」

森川は音楽を担当しており、伏見寮の寮歌なども作曲していた。川崎国之助とともに歌集をつくり、子どもたちに自作の歌を教えていた。

ある時、伏見寮の運動会があった。その日、山本は腹痛を口実に運動会を休んだ。同じ日に寮の指導員室が物色されるという事件が起こったが、犯人は山本に違いなかった。

ララ物資（第一章参照）として贈られた上着や帽子に身を包み、遠足に行ったこともある。現地に着いたら、半分近くの子どもが逃げてしまった。帰りのバスに乗ったのは、小さな子どもとイサムのような身体に障害のある者だけだった。

山本は一年ほど伏見寮にいたものの、やはり窮屈に感じていたのだろう。気候が暖かくなると、「またどこかで会おうな」。そう言い残し伏見寮を去った。一九四九年三月のことである。親友を失ったイサムは、これからどうしたらいいのか途方にくれた。

「お前、長い間学校に行っていないんやな」。そんなイサムに話しかけてきたのは、年配の男の先生だった。第二伏見寮の寮長だった黒羽根ジュンキョウである。ジュンキョウがどういう漢字を書くのかを小倉さんはいま思い出せない。イサムの記憶によれば、黒羽根は、障害を持った孤児を収容する京都府立八瀬《やせ》学園から伏見寮に赴任した人だった。第一伏見寮に父とともに住んでいた川崎泰市さんは、黒羽根のことを「たしか小学校の退職校長先生だったのではないか」と語っている。

イサムの歳はすでに一五歳、戦前は国民学校高等科卒業、戦後は新制中学卒業の年齢だった。だが、孤児生活をしていたため学校とは無縁だった。

黒羽根はイサムに話しかけた。

「伏見寮は一時保護施設や。ここからお前にふさわしい孤児院を探すのだが、この寮には一五歳までしかおれん。だが、お前は目がかなり悪いらしい。しかも学校に行っていないので、世の中に出たときの知識も技能もない。どうや、目の見えない子どもが学ぶ、京都府立盲学校中等部に行かないか。中等部一年生は一二歳以上の生徒が通っている。お前は三歳年上だがそれは仕方がない。盲学校には伏見寮から通えばいい。盲学校の寮が空けば、そこに住むことも出来る。盲学校で勉強し、按摩《あんま》などの資格などをとってから社会に出ないか。一五歳のお前は規則では伏見寮には置いておけないが、わしが何とかするから、そうしなさい」

「ありがとうございます」。イサムは、自分のことをここまで考えてくれる人がいることに、生まれて初めて身体が震えるような感動を覚えた。

「がんばれよ」

「一人前になったらお祝いの会を開くからな」

「嫁さんをもらって所帯を持てよ」

イサムが盲学校に通うことになったことを聞きつけた伏見寮の川崎国之助指導員、佐々木元禧指導員、和田弘之指導員、森川康雄指導員たちがイサムに何度も声をかけてくれた。

一九四九年五月五日、イサムは京都府立盲学校中等部に三年遅れで入学する。九月一日からは、盲学校の寮に入ることができた。京都府立盲学校は、全国の中でも優秀な生徒を集めたエリート校で、卒業生のなかには盲学校長になる者もいた。家庭的にも恵まれた生徒が多く、元「浮浪児」のイサムは肩身が狭かった。

イサムは、盲学校の寮に住み込んでいたある指導員に、廊下に立たされたり、罵倒されたりした。いじめだと感じたが、なぜ自分ばかりがひどい目に遭うのか、その頃のイサムにはわからなかった。路上生活の長かったイサムは口がたち、そのことが指導員に疎《うと》まれたのかもしれないと今では思う。

そんなイサムを激励してくれたのは、盲学校の鳥居篤治郎先生だった。鳥居先生は、イサムを特に目をかけてくれた。

「目の見えないことは不自由なことではある。けれど、それは不幸なことではない」（盲人は不自由なれど不幸にあらず）――鳥居先生がよく語った言葉である。

「京都の盲学校にはもういたくない。東京の盲学校に移りたい」。寮でのいじめに追い詰められたイサムはそう考えるようになった。東京の盲学校は鳥居先生が学んだ学校だったからだ。

「そうか、いじめられているのか。わしの方から話をしておく。もう二度といじめはないようにするから、君はしっかり勉強するように」

「先生、目の見えないおれは幸せになれるのですか?」

イサムが聞くと、鳥居先生はイサムの肩に手を触れながら、こう言った。

「わしは、四歳で失明した。それからこの歳（五〇歳）までずっと見えない世界で生きてきた。わしの家は与謝《よさ》郡三河内《みごうち》村の旧家やったが、父はわしを家のなかに隠さず、学問を身につけるよう厳しくしつけてくれた。この盲学校はわしが入学したころは盲唖院《もうあいん》と呼ばれていた。ここで一生懸命に勉強した。英語が話せるようにと、YWCAにも通った。その後、東京盲唖院師範科に移り、三重盲唖院の教員になったんや。お前は一五歳まではは目が見えた。わしよりもいろんなことを知っているやないか。わしでもこうやって教員になれた。お前にできないことはない」

「目の見えないおれにどんな力があるのです？」イサムはなおも聞いた。

「わしが進めているのは理療科と言ってな、昔から行われてきた按摩《あんま》が進駐軍の指示で公的資格が必要になるのを機会に、科学的な治療法を身につけることを目的に設置したのや。高等科に行ったら、按摩・マッサージ師になるための勉強をがんばれ。按摩は患者さんの身体を治すだけではない。話し相手になって心まで治さねば本物と言えない」

鳥居先生は、イサムが入学する前年、日本盲人会連合（日盲連）副会長（のち会長）、京都府盲人協会初代会長をつとめるなど、視覚障害者教育のパイオニア的存在だった。一九五四年にはヘレン・ケラー賞を受賞した。

伏見寮の黒羽根先生や指導員の先生、盲学校の鳥居先生の期待に応えるため、まずは点

桃山学園指導員をしていた和田弘之（右、遺族提供）

字を徹底的に覚えねばならない。点字を知らなければ本も読めない。イサムは猛烈に勉強した。もともと利発だったこともあり、大地が水を吸収するようにイサムは知識を獲得していった。

年長だったイサムは、中等部三年生のときには、生徒会委員長に選ばれた。夏休みなどまとまった休日には伏見寮に戻り、黒羽根先生たちに浮浪児生活から抜け出し、しっかり立ち直った自分の姿を知ってもらうことにした。

後にイサムが按摩・鍼灸《しんきゅう》師として病院に就職したとき、伏見寮の佐々木元禧指導員は酒を持って祝いに来てくれた。銀閣寺近くに按摩治療院を開業した時には、佐々木指導員だけではなく、川崎国之助指導員、和田弘之指導員たちもお祝いにかけつけてくれた。

一九五六（昭和三一）年の新聞切り抜き（新聞名不明）が残されている。小倉さんの家にあったものだ。一九四九（昭和二四）年に伏見寮（伏見児童相談所）を「卒業」した山本清一（二四）や小倉勇（二三）ら一三人が、宇治平等院公園前の「きくや本館」にお世話になった指導員の先生たちを招待したという記事である。「当時の児童相談所西原所長、和田主事、佐々木府児童課主事、川崎東山府税事務所課長ら懐かしい先生たち」とともに写る元孤児たちの写真が掲載された。

孤児たちは、前年の一九五五年に、「めげず会」という同窓会を結成した。中心になっ

我ら逆境に"めげず"

収容所の先生にお礼の宴

浮浪児の汚名返上

新春三日、空っ風の吹く宇治川べりに、今は立派な大人に成長したかつての浮浪児たちがお世話になった孤児収容所の先生たちを招いて"先生、こんな仕事をしています。もう安心して下さい……"と楽しい想出の会を開いた―。

昭和二十四年京都府立児童相談所を出た中京区四条柳馬場、看板職、山本清一君(二四)ら十三名の男女の孤児たちはその後、あるいはお茶の小売商に、またある者は料理屋さんになって毎日の仕事に生きがいを見出すようになった。中でも戦災で両親を失った後、浮浪生活を続けて同所に収容された中京区西ノ京右馬寮町、山田氏方、小倉勇君(二三)は両眼が不自由なのに昨年はとうとう鍼、キュウの国家試験に合格した。このほか本屋さんになった者もいる。女中さんをしている者もいる。

昔いまでは"やっ介者"どころかどこでも重宝がられている人たちばかり。年長の山本君が提案して昨年末"めげず会"という同窓会を作った。宮沢賢治の詩「雨にもめげず風にもめげず」の句からとった名前だ。そしてだれ言うともなく"収容所の先生たちを招待しようじゃないか"という話が持上った。そして三日、当時の児童相談所西原所長、和田主事、佐々木府児童課主事、川崎東山府税事務所課長など懐しい先生たちを宇治市平等院前公園「きくや」本館に招待したのだった。

大きく成長した孤児らをながめて年老いた西原所長らも"こんなうれしいことはない"と感慨深げだった。

お世話になった先生を囲む"めげず会"

小倉さんが持っていた1956年1月4日付の新聞記事。伏見寮の指導員を孤児たちの同窓会が招待した「めげず会」

大善院で講演する小倉勇さん（左端、2015年11月）

たのは山本清一（第三章の2を参照）だった。同窓会名は、宮澤賢治の詩「雨ニモマケズ」からとったという。「マケズ」が「メゲズ」になった理由はわからないが、同年に出版された『雨にもめげず風にもめげず――働く少年少女の生活録』（労働省婦人少年局）からとったのかもしれない。

イサムは一九五六年、盲学校の先生の紹介で同校卒業生・浦野まきゑと結婚する。結婚式の費用は盲学校の教職員が出し合い、学校の講堂で結婚式をあげた。

「伏見寮や盲学校の先生たちには、本当にお世話になりました。私が、目が見えていたら、悪の道から立ち直らなかったかもしれません」

「日本が外国で戦争をするのではないかという今の時代に私の体験を伝えたいと思います」

二〇一五年九月、八三歳の小倉勇さんは、しみじみとした口調で語ってくれた。

二〇一五年一一月一四日、真宗佛光寺派大善院（京都市下京区）で「〝駅の子〟の証言を聞く会」（主催・せんそうこじぞうの会）が開催された。小倉さんは、一二〇人を超える人たちの前で、初めて自らの戦争孤児体験を語った。

筆者が質問し、小倉さんが答えるという形式の講演会だった。高齢にもかかわらずはきはきした態度で話してくれた。小倉さんの講演に先立ち、指導員の家族として伏見寮で暮らした体験を持つ川崎泰市さん（「せんそうこじぞう」の会代表）や和田弘之指導員（故人）の家族の方と、小倉さんが六五年ぶりに対面した。小倉さんは、ほぼ同い年の川崎さんと抱擁し、和田弘之の奥様・智子さんと握手を交わした。言葉は少なかったが、孤児と指導員家族のあたたかい関係が伝わってくるような対面だった。

この会には二〇人以上の大学生も参加した。筆者が立命館大学で「教職概論」を教えている学生たちである。この授業を受講しているのは理工学部やスポーツ健康学部、経済学部などの学生約一三〇人で、二〇一五年度後期は平和教育や人権教育、多文化共生などについて学んでいた。平和教育について考える課外学習ということで、「〝駅の子〟の証言を聞く会」に有志が参加してくれた。また、何人かの学生には地下鉄の駅から会場までの経路に立ってもらい、案内・誘導をしてもらったり、会場入り口でのパンフレット配布を頼んだりした。

2　比叡山の麓に開かれた八瀬学園

伏見寮に連れてこられる孤児の中には、戦火のなかの体験や、満州からの引き揚げ体験、親戚先でのいじめなどにより、心に深い傷を持つようになった者も少なくなかった。知的障害を持つ孤児もいた。これらの孤児たちは、一般の孤児施設では早期に死去するケースが多い。障害のある孤児たちを集めて、特別に教育できないだろうかという声が、京都の孤児院関係者の中から強まった。

こうして、一九四七年四月比叡山の麓《ふもと》に開設されたのが八瀬学園（京都市左京区）である。八瀬学園は、戦前は「山の幼稚園」と言われ、京都市中京区の小児科医が私費を投じてつくった障害を持つ子どもたちのための施設だった。しかし、日中戦争からアジア太平洋戦争に至る過程で、「山の幼稚園」は軍人援護会の「八瀬山寮」へと変わる。これは傷痍軍人のための職業補導施設だった。

敗戦後は軍人援護会の看板を外して、孤児収容所となり、一九四八年に京都府の知的障害を持つ児童の施設となった。収容児童は当初六十数人、住所不定、戸籍不明、学籍もない孤児たちが集まっていた。五二年の記録によれば、入所者一〇〇人中、実父母のいるもの七人、片親のもの二八人、養父母などがいるもの一三人、それ以外の五〇人以上が孤児だった。収容原因別では、浮浪（孤児・家出を含む）三七人、生活困窮が二八人となっていた。

八瀬学園が開設されて間もない頃に入所した女の子の孤児が、一言も口をきかなかったこともあった。そういう子だから、八瀬学園に伏見寮から回されてきたのである。その当時、八瀬学園の職員となっていた森川康雄は、「しばらくしてその女の子の言葉を聞きました。朝鮮語でした。日本語がしゃべれないため、黙っていたわけです。孤児のなかには、朝鮮人や中国人も混じっていました」と証言している。

伏見寮で手伝いをし、寮歌を作曲したりしていた森川康雄は、開設されたばかりの八瀬学園に採用されていた。彼は後にこう書いている。

八瀬学園の運動会（森川康雄氏提供）

喰うことを求め各地を放浪する者はさまざまな経験を積んでいる。車内や待合室での置き引き、駅構内や橋下、軒下でのゴロ寝、繁華街での拾い喰い、空き巣、万引きなど。これらのことを体験した浮浪児達にとって学園での生活は、まさに青天の霹靂《へきれき》であったろうと思われる。唯、困ったのは入園時のシラミ退治と疥癬の治療であった。シラミについてはＤＤＴを頭から全身にふりかけるのは当然の処置だったが、根絶はむずかしく、止むを得ず着衣を焼却した。

学園へ通じる坂道の途中に比較的広い水路があり、そこまで来ると裸にさせて水路に飛び込ませ、衣類を交換したあと古い分をドラム缶にほうりこんで焼却処分にしたのだが、お陰で衣類が非常に不足し頭を抱えた時があった。頭の方も丸刈りにしないとシラミの根絶はむずかしいので、女児も坊主にしたことがあり、地蔵さんのような子どもが何人も学園のなかをウロウロしていたものである。*

＊京都府立桃山学園『三十年の歩み』一九七八年発行

八瀬学園の園長・藤井義雄は、台湾で音楽教育の実践をしていた。音楽好きの森川康雄が指導員として着任し、音楽を織り交ぜた教育が少しずつ始まっていった。子どものブラスバンドを持つ学園として、全国的に著名になるのはまだ先のことだった。

女児の前でも平気で裸になる一六歳の男児、「こら！」「あほ！」「ばか！」と一日中どなり散らす女児。精神的に不安定だったり障害を抱えていた子が集まっていた。

こうした子らが、森川がオルガンを弾きはじめると、男児は必ず傍らに来て、リズムに合わせて頭を振る。歌詞を覚え、見事に歌うのである。女児は「夕やけこやけ」を真剣な表情で歌い、舞踊の稽古にも熱心に取り組む。これらを見ていた森川は、精神に障害を持つ孤児たちに音楽を与え、豊かな情操を育てようと決意するようになった。

『八瀬学園年報』（一九五一年）に森川の書いた記録が残されている。現在では差別的だとして使用されない用語などもあるが、あくまでも記録という点でできるだけ当時のままで転載しよう。

精神薄弱児に対する音楽教育　　森川康雄

一、必要か不必要かの問題

この問題に関して私は即座に「必要である」と叫びたいのである。しかし、それは可能か、不可能かの問題に対しては次の項において述べることとし、今はなぜ必要か！についてて一言してみよう。

……

口をきかぬ子ども、内気な子ども、乱暴な子ども、放縦な子ども、怠惰な子ども、不良傾向、病的傾向、……とるすべなしと思われる彼らにも、身体の何処かには軽快なリズムを持ち合わせているはずである。どんな子どもにしてもその成長の過程中には、母親ないしは母親に代わる誰かの温かい介抱を受けたであろうことは否めぬ。やさしい子守唄、そのメロディーの内からは眠くなるような衝動を体得したに違いない。それによってこそ快い眠りについたのではないか。汽車や、電車に乗っても、一定の規則正しいリズムによって運ばれるのである。そういう懐かしいメロディーやリズムは、いかなる横暴な子ども、変質な子ども、注意散漫の子どもにも、体中のどこかに埋まっていると

八瀬学園の「子供楽団演奏会」（森川康雄氏提供）

みて良かろうと思う。その持ち合わせを忘れて、いや何かの障害のために、本能的に発散できずに、悶々《もんもん》として、あるいはその反対に不平不満もなしに過していくのである。

『一九五一年報』№1（八瀬学園）

八瀬学園で子どもたちの打楽器奏者を集めた「リズムバンド」が編成されたのは、一九五〇年のことである。翌年には、各地で演奏出演するほど盛んになった。「コドモステージ」、「子どもブラスバンド」、「子供楽団演奏」などの言葉が書かれた写真から、森川康雄の音楽教育にかける熱意が伝わってくる。五二年には音楽教育の研究授業を行い、五三年には全国規模の研究会が

八瀬学園の指導員、森川康雄（同氏提供）

八瀬学園で開催されるまでになった。

一九五四年、京都市南部の伏見区に京都府立桃山学園が設立される。桃山学園は、桃山学院（教護院）のあとを受け、養護施設として発足し、一九七八年には、八瀬学園と合併した。発刊された『三十年の歩み』（京都府立桃山学園）の冒頭には、当時学園長となっていた森川康雄の「お礼のことば」が掲載されている。

昭和二十三年、戦争の傷もいえず混迷のさ中という時代に、当桃山学園の前身八瀬学園は精神薄弱児施設として、名勝八瀬の地・比叡山麓で産声をあげました。当時は先輩施設として、全国でおもに民間施設を中心に十六ヶ所を数えるのみという状況の中で、新しい仕事にとりくむ創成期の職員は、手にする専門書などなく、指導手引書の類すら恵まれず、文字どおり汗と体験だけを唯一の資料として、児童の保護と指導に遮二無二《しゃにむに》

八瀬学園で演奏する子どもたち（森川康雄氏提供）

没頭せざるを得ない有様でした。

障害を持った子どもたちが戦時中にどんな暮らしをしていたのか、戦争孤児となった障害児がどのくらいいたのか、空襲や引き揚げのなかで心身に障害を抱えるようになった子どもたちのことなど、未解明の問題はまだまだたくさんある。森川康雄さんが遺された写真や資料をもとに、戦争孤児となった障害者の史実を少しずつ掘り起こしていく必要があるだろう。

次節では、八瀬学園、そして桃山学園で暮らした一人の女性について取り上げてみたい。

3　一九歳で死んだ福井清子

二〇一五年八月下旬、和歌山県田辺市龍神村湯又（龍神温泉）の元中学音楽教師・山本直子さんから手紙と新聞切り抜きなどの資料をいただいた。手紙には京都駅で暮らしていた少女の短い人生について綴られていた。少女は戦争孤児だった。

彼女の名前を福井清子という。駅にいたときが五歳だった。清子は施設に保護された当時、かろうじて自分の苗字のみを覚えている状態だった。戦中、戦後の混乱のなかで心身に深い傷を負ったのだろう。清子という名前のほうは孤児院の指導員がつけたという。この間、一〇〇人をこえる元戦争孤児や孤児院関係者の方から聞き取り調査を行ってきたが、福井清子は「駅の子」というくくりで言えば奥出廣司さん、小倉勇さんに続く、京都駅で暮らした戦争孤児の「発掘」である。

山本直子さんは二〇一五年八月一五日に放映され、戦争孤児の問題を紹介したNHK「おはよう日本」を見て、筆者に手紙を下さった。その中で、清子が、積慶園の古村正樹園長と推測される人に救われ、その後、八瀬学園、桃山学園で育ったことを教えてくれた。

山本さんは福岡教育大学出身で学生時代は合唱団に所属していたが、清子の生涯を詩にした「墓標のない死」という題の組曲を演奏会で歌ったことも教えてくれた。その組曲の原詩は、当時高校教師で詩人でもあった野田寿子（故人）による。長詩「墓標のない死」は『野田寿子全作品集』（土曜美術社出版）に収録されている。

野田が、朝日新聞の一九六九年一月一九日付投書欄にあった有田祝子という人の投書で福井のことを知ったということも、山本さんは教えてくれた。有田は桃山学園の看護師だった人である（故人）。後に山本さんからいただいた有田さんの一九六九年一月一九日付朝日新聞の「声」欄への投書内容は次のようなものだった。「F子」とは福井清子さんのことである。

ある薄幸な女性の死　京都府　有田祝子（養護施設看護婦　四〇歳）

F子が死んだ。おとそ気分も抜けぬ一月八日の夜半、京の北のある病院で、だれにも気づかれぬ間に。二十九歳、病気は結核。

F子、七つ（数え年。実際は五歳）の時親に捨てられ（戦災孤児？）施設で大きくなった。卒園後、女中（家政婦のこと――引用者）として就職、発病後入院、退院後、またある店のお手伝いとして住み込み、同じ店の年下のK君と内縁関係になったが「病になれば」と、捨てられるのがいやさに、再発を隠して働き、死の十日余り前、病院にかつぎ込まれた時、既に手遅れだった。長いこと孤独に耐えて来たF子には、一人になるのが、どんなにか恐ろしかったのだろう。

死の二日前、学園に電話があって、T保母（女性の保育士のこと――引用者）がかけつけた。やせ衰えた顔を見て「何かほしいものは」と聞いたら、「パジャマがなくて恥ずかしい」といった。T保母はさっそく買って着せようとするが、もう着る力がない。それでもふとんの上からかけて喜んだのを見て帰り「ダメらしい。軍隊毛布を敷いて、かわいそうに」と泣いた。あくる朝、私も見舞った時、もうこの世にいなかった。十日、葬式はなかった。慰安《ママ》室から焼場へ、無縁墓地と、その日のうちに葬られた。私を含めたこの国は、有史以来のイザナギ景気に、世界二位の総生産、文化国家だとか。成人の日、盛り場を若い娘たちが花のように振りそで姿で町を埋めた。パジャマがほしいといった、施設育ちのみなしごが、社会の片すみで、死の直前まで働き、死んでいかねばならなかったことを、どうか知ってほしい。私も一生、この子を死なせた悔いを、心にきざみこんで、生きて行くつもりだ。

山本さんが学生時代に歌った合唱曲「墓標のない死」を作曲したのは、福岡教育大学教授・森脇憲三だった（故人）。作詞者の野田寿子も森脇も、有田さんに連絡をとり、福井清子のことを詳しく教えてもらったそうである。

二〇一五年一一月、山本直子さんは福岡教育大学合唱部の仲間たちに連絡をとった際、五〇年ぶりに、押入れに眠っていた楽譜入り冊子『交声曲墓標のない死～清子に捧ぐ』を見つけた。山本さんはこの冊子をコピーにとり、筆者に送ってくれた。交声曲（カンタータ）とは、オーケストラ伴奏つきの声楽曲のことをいう。オペラなどとは違い、交声曲には演劇的要素はあまりない。

冊子の冒頭で作曲者の森脇憲三は、終戦直後の京都駅にいた清子が栄養失調で知的障害を持っていたこと、八瀬学園（のち桃山学園）に入り回りの人たちの愛情のなかで育っていったこと、卒園後、家事手伝いの仕事をしていたこと、恋人ができて心弾ませたこと、結核をわずらいながらも恋人が去ってしまうのではないかと恐れ、病院にも行かず働き続けたことについて書き、その上で「この清子のように戦争が終ってからもなお、二十数年の間、暗い打撃を受け続けている人びとは、なおさらに多い」と結んでいる。

また、作詞者の野田寿子は冊子のなかで、清子が桃山学園の看護師と保育士に看取られて病死したことを記している。保育士の名前はわからないが、看護師は間違いなく朝日新聞に投書した有田祝子さんである。さらに野田は、戦後二〇年の時点でまだなお戦争の傷あとに苦しんでいる人がいることについて触れ、清子をはじめとする墓標を建ててもらえない無数の人たちにこの歌を捧げたいと述べている。

野田寿子（右）と生徒たち（『野田寿子全作品集』から）

二〇一五年一一月一四日「『駅の子』の証言を聞く」集い（本章第一節参照）に、山本直子さんが和歌山から駆けつけた。山本さんは、五〇年ぶりに見つかった交声曲「墓標のない死」の一節を、涙を流しながら歌った。福岡教育大学合唱部（男声一五人、女声三五人。指導者・福島芳明助教授）に所属した山本さんがこの歌を歌ってから五〇年後のことだった。

山本さんは筆者宛の手紙で、「戦争のことを身近に考えたり、感じたりすることのない五〇年近く前の私たち若い合唱団の大学生たち五〇人は、ひとつひとつのことばを歌いながら、少しずつ自分の心にとめていき、考えざるを得なかったのです。戦争と平和のことを……。清子がひとりひとりの心の中にいつのまにか住みついていました」と述べている。

山本さんがこの曲を歌った演奏会には有田さんも訪れた。「清子、けっしてあんたの死をむだにはしいひん。この拍手、この感動のため息、よう聞こえるやろ」と思ったという（朝日新聞一九六九年一二月七日付）。

二〇一五年一一月、京都府城陽市に長く住んだ有田祝子さんの息子さんから、筆者に電話があった。城陽は筆者の勤務先の隣の自治体である。

「家のポストに、山本直子さんという方が地元紙『洛南タイムス』に先生が連載されている記事のコピーを入れてくれました。そのコピーに、私の知らない母がかかわった戦争孤児のことが書いてありました」

筆者は『洛南タイムス』に一〇年以上、京都府南部の近現代史について書いている。筆者にとっては思いがけず、福井清子の件に関わる事情と、筆者が調べていることを、戦争孤児施設の一つ・桃山学園で勤務した人の親族にお伝えする機会を得た。山本さんに感謝しつつ、大づかみに説明し、次のように尋ねた。

「有田さんがご不在だったので、山本さんがポストに入れたのだと思います。ところでお母さまはどうされていますか?」

息子さんは、「母は今年の五月に亡くなりました」と答え、「母の遺品を整理して、福井清子さんにかかわる資料があれば、お届けします」と付け加えてくれた。

野田寿子が有田祝子さんに取材してつくった詩「墓標のない死」をもとに、山本直子さんら福岡教育大合唱団が歌った際の歌詞の一部を紹介しておこう。

交声曲　墓標のない死
——清子に捧ぐ（一部）
野田寿子

凪もなく、月もなく
時おり星が流れ
荒れはてた街
黒々と凍てつく夜

輸送列車の

たえまない京都駅

どこからともなく集まって
獣のようにひっそりと
夜をすごす人の群

暗やみにかさなって
ぼろ布をかきあわせ

凍りつく夜のコンクリート
投げすてられた石のように
ころがり眠る幼な子一人

ひもじいと訴える母も
つめたいと甘える膝も
奪われてしまった五つ児

夢さえも切れぎれに
消えかかるかすかな生命

「大きくなったね寒くはないか
ほしいものは」と抱かれる筈の
あかにまみれたやわらかなその子

あわただしく汽車は着き
腐った捨てた弁当を
むさぼり食う幼な子一人

ある日　その手を
ふととった
太った見知らぬ高下駄の小父さんを
おそれる幼いその子

幼な子一人。

さぁおいでここにおすわり
ちっともこわくないのだよ
小父さんはほれ坊さんだ
「小父さんは誰」
お前の名前を教えておくれ
小父さんの寺は上の京
「小父さんはどこから来たの」
父さんや母さんは
「名前は知らないの」

母さんはどうしたの
「みんな爆弾で死んじゃった
ずっと一人ぼっち」
こんなにやせてひもじかろう
小父さんの家へついておいで

「小父さんのお寺に行くの
行ってもいい」
いいともいいとも
小母さんや友達が待っているよ
行こう行こう
小父さんと行こう。

小枝をたいて風呂に入れて
暖かいごはんを食べさせて
食べるのをにこにこと見ている

小父さん小母さん

泣いた時は、膝にのせて
悲しい涙を袖でふいて
子守唄うたいながら見ていた
小父さん小母さん

その頃私に
「清子」と名がついた

酸素がほしい
空気がほしい
命がほしい

お願いです。

お願いです。

あの日恋人は去った。

清子はもしやと後をおうけれど
清子の愛は虚しくて
拾った一つのしあわせも
はかない夢と消えうせて
清子は力つき果てた。

酸素がほしい
空気がほしい
命が欲しい。

「小母さん私はずかしい
パジャマがないのです」

やがて布団にかけられた
パジャマをまとう力もなく

とむらいもなく
墓標もなく
おとずれる人さえ稀に
二十九才の清子は
死んだ。

おわりに

戦争孤児について筆者が調べるようになった経過について、少し立ち入って記しておきたい。拙著『いじめる子』（二〇一三年、文理閣）にもあるが、かつて暴力を繰り返すなどの課題を抱えたある男子生徒を担任したときのことである。彼が小学校時代お世話になっていた児童養護施設を訪ねた。

その施設の担当者と話す中で、日本の児童養護施設のほとんどは第二次世界大戦後に戦争孤児施設として出発したのだということを知らされた。施設によっては戦後の孤児たちの写真や資料を大量に保管していることもわかった。「ぜひ見せてください」と私が頼むと、こころよく貸し出してくれた。

二〇一三年夏、集まった写真をラミネート加工し、立命館大学国際平和ミュージアムで開催された「平和のための京都の戦争展」で展示した。展示された写真が新聞やラジオで報道された影響もあり、新たな戦争孤児にかんする証言や資料が集まるようになってきた。

筆者は、戦前の労農党代議士山本宣治（性科学者・愛称「山宣」）をはじめとする社会運動家について約三〇年間研究してきた。山本宣治は宇治出身であり、筆者の地元ということもあり、資料収集には都合がよかった。山宣研究の過程で山宣そのものの研究とともに、山宣を支えた人びとや山宣と関わった人々の研究（山宣周辺研究）へと進んでいった。

筆者の戦争孤児研究は、山宣の周辺にいた住谷悦治（戦後、同志社総長となる）が積慶園という京都の戦争孤児施設に関わりがあることを、彼の著作『私のジャーナリズム』（積慶園刊、一九五四年）のなかに見つけたことがひとつの弾みになった（本書三二ページ）。住谷は私と同郷・同窓（群馬県立前橋高等学校卒業）であり、その縁から旧宅より住谷悦治日記などを発掘し研究していたのである。住谷をはじめ京都の社会運動家たちの残した資料のなかから、戦争孤児にかんするものを取り出していく作業は、わくわくするものだった。

二〇一五年九月五日、山本宣治の次女・井出美代さんより一枚のはがきが届き、戦争孤児問題についてNHKがとりあげ、筆者も取材を受けた番組を見てくれたことが記されていた。「何事に対しても真摯《しんし》な態度でむき合っておいでの御様子を拝見し、父・山本宣治をもこのような目をもって研究して下さったのだなと、今更のごとく有難く思っております」と過分な言葉もいただいた。

同番組に限らず、二〇一五年は戦後七〇年の節目にあたり、山宣研究から派生したかたちで始めた戦争孤児研究がマスコミに大きく取り上げられることになった。筆者もテレビやラジオに出演する機会が続き、大きな反響もいただいた。

山宣の暗殺（一九二九年三月五日）や小林多喜二虐殺（三三年二月二〇日）は日本が戦争への道に歩みだす、つまり戦争孤児が発生する時期に重なっている。

ここ数年間、筆者は戦争孤児の方がたの証言を聞きとるとともに、証言をもとに中学生や高校生、大学生に戦争と平和について考えてもらう授業を実施している。二〇一五年六月には奥出廣司さん（第二章）を中学三年生の社会科の授業（近現代史）に招いて証言してもらうとともに、八月には中学校全体の平和学習の講師として奥出さんを招きお話ししていただいた。

高校生には「現代社会」の授業で、戦争孤児について学ぶとともに、授業に先だった写真パネルを貼りだし「戦争孤児展」を実施した。また、私の教えている大学生にはテレビで報道された京都の戦争孤児の番組を見せたり、一一月一四日「『駅の子』の証言を聞く会」に来てもらい、小倉勇さんの戦争孤児（駅の子）としての証言を聞いてもらった。

小倉さんの戦争孤児体験を聞いたある大学生は、「『警察によくパクられた』『薩摩守《さつまのかみ》で（お金を払わずに）電車に乗った』などと、所々に笑いを交えて話していて、すごくユニークな方だと思いました」と小倉さんの印象を語った。

別の学生は、泥棒や無賃乗車などを繰り返す戦争孤児の実態について聞き、「人間の当たり前に思われる理性さえも崩してしまうような状況だったのだ」と書いた。そして、「安保関連法案の強行採決が行われた時、小倉さんは（日独伊）三国同盟を結んだ時と同じだと感じたそうです。自分も全く同じ考えで、このような大事な事項をあんなに簡単に決めていいのかどうか疑問に思っていました」と現在の日本の政治状況に言及した。

また別の大学生も、「安保関連法案が強行可決された今、果たして戦争を経験された人の顔をみてこのことを言えるのかと思うと、言い方が悪いかもしれないのですが、なんのために日本が戦争をして敗戦を味わったのだと思いました」と述べている。

奥出さんも小倉さんも、国会での安全保障関連法案の審議や強行採決という事態を前にして、このままでは日本が再び戦争をする国になるという危機感から若い人たちの前で証言することを決意したのだ。若い世代に戦争体験を伝えていく上で、戦争孤児の方がたの証言は大きなインパクトを持っている。その証言を聞き血肉化していくことで、日本が戦争する国になろうとしている現在、若い世代が戦争と平和について考え、行動していく力になるのである。

本書執筆の直接のきっかけについて書いておこう。本書第三章2で述べたように、真宗佛光寺派大善院（京都市下京区）の佐々木正祥住職から、同院が戦後長い間保管してきた、戦争孤児八人の遺髪・遺骨の存在を教えられた。遺髪・遺骨保管をめぐる歴史それ自体が奥の深い人間ドラマだった。遺髪・遺骨は戦争孤児一時保護施設「伏見寮」の子どもたちのものと判明した。遺髪・遺骨の追悼・供養の夕べを開催するため、私は、伏見寮に家族として住み込んでいた川崎泰市さんから「伏見寮」関係者の名簿を入手、一人一人訪ね歩いた。

多くの方が故人となっておられたが、奇跡的に出会えた方もいた。大善院の遺髪・遺骨発掘については、新聞やテレビ、ラジオが取り上げてくれた。マスコミで報じられたことで、戦争孤児について証言してくれる人も増えた。

伏見寮だけではない。積慶園や、平安養育院、平安徳義会など京都市内の元戦争孤児施設の方々、八瀬学園（現・京都府立桃山学園）関係者の方々も、こころよく取材に応じてくださった。長い間、沈黙を守っていた元戦争孤児の方々が堅い口を開いてくれたことも、筆者の背中を押した。

戦後七〇年が経過し、当時六歳だった戦争孤児の方も七〇代半ばを過ぎた。戦争孤児たちが入所していた孤児院の職員の皆さんは、すでに鬼籍に入られている方がほとんどである。戦争孤児の方々の戦後体験も含め、それが大きな意味での戦争体験だとすれば、彼ら彼女らに戦争体験を語るために残された時間はもうあまりない。本書が京都を中心とする戦争孤児の記録として意味あるものだとしたら、それは取材に応じてくださった皆さんの貴重な人生を記録したものだからであろう。

戦争孤児研究のポイントについて書きとめておきたい。

第一は、都市空襲の被害のあった地域の研究である。空襲被害は大都市だけではなく、全国の地方都市に広がっていた。戦争孤児は、戦後空襲のあった都市の「駅」に集まった。大都市空襲の記録はあるが、地方都市の空襲と戦争孤児についての調査は手付かずである。全国四番目に多い戦争孤児の集結場所であった京都についても、筆者が取材するまでは先行研究がほとんどなかった。

第二は、戦争孤児施設職員と孤児の証言の食い違いをどうみるかという課題である。戦争孤児施設職員と孤児は、同じ時代の同じ体験でも全く正反対の評価を下すことがある。聞き取りをしながら、献身の美談なのか、残酷な虐待物語なのか、判断に迷うこともあった。戦争孤児施設は現在、児童養護施設として運営されている。とすれば、こうした施設に眠っている史料や、施設関係者の証言を集めれば、戦争孤児の真の姿を浮かび上がらせることができるのではないか。

筆者とコンビを組み沖縄や広島・長崎で戦争孤児研究を続けてこられた平井美津子さんの存在は、本書出版を強く後押しした。平井さんとともに、筆者は子ども向けに『シリーズ・戦争孤児』全五巻（二〇一五年刊行完了、汐文社）を編集・執筆した。『シリーズ・戦争孤児』がマスコミなどで大きく取り上げられたことが、本書刊行につながった。

取材に応じてくださった戦争孤児ご本人やご家族の方がた、孤児施設の関係者の皆さんには、言葉では言い表せないほど感謝している。また、岸田広美さんには、筆者の粗雑な原稿を何度も読み直していただいた。こうした方がたの協力がなければ、本書を書き続けることはできなかった。

一九四五年一二月に父親を京都駅で亡くし、戦争孤児として姉と二人で「駅の子」として暮らした体験を持つ奥出廣司さんは、戦後七〇年の夏、中学生たちの前に初めて立ち、「戦争は弱い立場の子どもやお年寄りが必ずつらい思いをする。どうか戦争反対と叫んでください」と話した。学校に来てもらったお礼を言った筆者に、奥出さんは「死ぬ前に大きな忘れ物をしたくないから」と語った。筆者の世代、そして今の若い世代が戦争孤児の方がたの証言をどう継承していくかが問われている。

二〇一五年一二月、筆者記す。

◇

本書執筆にあたって、以下の団体・個人の方々には特にお世話になった（敬称略）。記してお礼を申し上げたい。

真宗佛光寺派 大善院
社会福祉法人エリザベス・サンダース・ホーム
社会福祉法人 積慶園
社会福祉法人 平安徳義会養護園
社会福祉法人 平安養育院
立命館大学国際平和ミュージアム

（以下、あいうえお順）
赤塚康雄（天理大学名誉教授）
網秀一郎（ＮＨＫ札幌放送局アナウンサー）
池田豊（京都自治体労働組合総連合委員長）

石井健一（社会福祉法人エリザベス・サンダース・ホーム施設長）
石川律子（元広島市立小学校長）
石澤春彦（せんそうこじぞうの会事務局長）
今口規子（京都新聞記者）
岡本幸一（「洛南タイムス」記者）
奥出廣司（鉄板焼屋「でんでん」店主、宇治市在住）
小倉勇（按摩・マッサージ業、京都市在住）
梶田富一（元京都府職員）
川崎泰市（元伏見寮指導員川崎国之助様ご遺族）
木塚勝豊（社会福祉法人平安徳義会養護園施設長）
北元昌性（元社会福祉法人平安養育院施設長）
小出隆司（絵本『ぞうれっしゃがやってきた』原作者）
栗木信正（芳林山栄興院長昌寺住職）
近藤君枝（社会福祉法人つばさ園園長近藤孝一様ご遺族）
佐々木正祥（真宗佛光寺派大善院住職）
佐々木美也子（ギャラリーおてらハウス支配人）

白井有紀（立命館大学学生）
白井美帆（同志社女子高校生徒）
白井雅子（白井乳児園経営・京都市在住）
白河蛍（宇治市在住）
住谷一彦（立教大学名誉教授）
住谷祐子（元同志社総長・住谷悦治様ご遺族）
田所顕平（和歌山県歴史教育者協議会会長）
千葉猛（毎日放送アナウンサー）
茶谷十六（元劇団わらび座民族学芸研究所長）
中村光博（ＮＨＫ東京放送局ディレクター）
野口由紀（毎日新聞記者）
平井美津子（沖縄平和ネットワーク関西の会共同代表）
布川庸子（平和友の会ボランティアガイド）
古川章（「草舎文庫」主宰・郷土史家）
福林徹（故人）
古村絢子（社会福祉法人乳児院積慶園園長）

古村正（社会福祉法人積慶園園長）
逸見祐介（京都新聞記者）
本庄かおる（せんそうこじぞうの会幹事）
丸尾忠義（日本機関紙出版センター編集者）
水野正美（社会福祉法人平安養育院施設長）
森川康雄（元伏見寮指導員、故人）
森敏之（京都新聞記者）
安井俊夫（愛知大学名誉教授）
山西妙子（元伏見寮指導員・山西重男様ご遺族）
山本直子（元福岡教育大学合唱部）
和田智子（元伏見寮指導員和田弘之様ご遺族）

主な参考文献

赤塚康雄「第二次世界大戦大阪における戦争孤児の生活と教育　上」『大阪民衆史研究』第六七号、二〇一二年一二月
赤塚康雄「第二次世界大戦大阪における戦争孤児の生活と教育　下」『大阪民衆史研究

究』第六八号、二〇一三年一二月
創立五十周年記念誌『華洛』一九九五年、社会福祉法人積慶園
創立百周年記念誌『徳義』一九九〇年、平安徳義会
『京都駅一二〇年のあゆみ』一九九七年、留那工房
復刻版『日本国有鉄道百年写真史』二〇〇五年、成山堂書店
京都府立桃山学園『三十年の歩み』一九七八年
本庄豊・平井美津子編著『シリーズ 戦争孤児』全五巻、二〇一四～一五年、汐文社
本庄豊・他『戦争孤児を知っていますか?』二〇一五年、日本機関紙出版センター
住谷悦治『私のジャーナリズム』一九五四年、積慶園

補足として　詩「姉の遺髪」

二〇一三年一〇月二六日に大善院で開催された、「京都府戦争孤児追悼法要の夕べ」で朗読された詩である。伏見寮と火葬場跡を訪ねた後、それまでに聞き取りをした戦争孤児だったみなさんの言葉を織り交ぜながら筆者が創作した。

姉の遺髪

戦争が終り、疎開先からぼくたちは戻ってきた。
九月になったのに、残暑はきびしい。
風は姉の髪の上をさらさらと音を立てながら通り抜けていく。
目の大きな、優しい姉だった。
大阪の街は、焼け野原になっていた。

黒焦げの柱だけが残った家の前で、家主さんが話しかけた。

「お母さんとおばあちゃんは、空襲で逃げ遅れてのうなりました」

家主さんが姉に手渡したハガキは、父の戦死通知。

親戚づきあいのない姉とぼくは、この日から孤児になった。

姉は泣かなかった。ぼくも涙をこらえた。

生きるためには食べなければならない。
姉は物乞いをすることしか思いつかなかった。
姉に手を引かれて、人の集まる梅田駅に行った。
雨になると、梅田駅の地下道は
ぼくたちと同じような孤児で溢《あふ》れた。
栄養失調と病気がひろがり、毎日毎日孤児たちが死んでいく。
通りすがりの人たちが分けてくれる食べ物を奪いあって食べた。

梅田駅から京都駅にどうやってたどりついたのかはわからない。

「京都駅に行ったら助かる」

誰かが姉に耳打ちしたのかもしれない。

戦災のなかった京都駅舎は、風や寒さをさえぎってくれた。

屋根のある生活が始まった。
待合室にはストーブもあった。
篠田兄弟、上田の兄ちゃん、山本姉妹、権太郎………。
京都駅で知り合った孤児たちの名前が今も思い出される。
いつもにぎり飯を分けてくれた駅員さんの顔も浮かんでくる。
警察による「浮浪児狩り」の時、
ぼくと姉は待合室のベンチの下に隠れた。

姉がどうやって食糧を得ていたのか、今ならわかる。
夕方になると姉は駅の便所で顔や手足を洗い、出かけて行った。
行き先は教えてくれなかった。
深夜近くに、食糧を手にした姉が戻ってきた。
こうしてぼくたちは、二人で夜食にありついたのだ。
いつも飢えていた山本姉妹にも食糧を分けた。

名前はさきえちゃん、えっちゃん。

「あんたらは、こんなことしたらあかん」

姉は姉妹に語りかけた。


「お姉ちゃん、熱がある」

元気だった姉が倒れたのは三月のことだった。

前日、姉は誕生日を駅で迎えたばかりだった。

誕生日は、闇市でぼくがくすねてきた缶詰めで祝った。

この日の「浮浪児狩り」でぼくは逃げなかった。

姉とぼくを乗せたトラックは、孤児施設についた。

トラックの荷台で姉は冷たくなっていた。


施設の人が姉の髪の毛をはさみで切りながら言った。

「遺骨はまとめて葬るので、遺髪を形見にするから」

ぼくは姉の死顔をぼんやりと眺めていた。

姉の遺髪を目にしたとき、ぼろぼろと涙がこぼれた。

ぼくは本当の独りぼっちになってしまったのだ。

四月から、ぼくは小学校に再入学した。
施設の先生や学校の先生はいつもこう言う。
「君たちはもう孤児じゃない。独りぼっちじゃないんや」
ぼくにはたくさんの仲間ができた。
けれど、何年経っても思い出すのは姉のこと。
優しかった姉の顔立ちとともに、遺髪のことが頭から離れない。
ぼくのためにはだしで京都駅構内を歩き回り、
食べ物を集めてくれた姉。
ぼくの頭を撫でながら、シラミをとってくれた姉。
あの遺髪はどこに行ったのだろう。

姉は再び学校に行くことも、
恋をすることも、
綺麗な服を着ることもなく死んだ。

ぼくにとって大切な大切な人。

父と母につながる人。

ぼくの最後の肉親。

もう一度呼んでみたい。

「お姉ちゃん」

本庄豊（ほんじょう・ゆたか）
1954年、群馬県松井田町（現安中市）生まれ。群馬県立前橋高等学校を経て、東京都立大学卒。京都府南部の公立中学校に勤務し社会科を教える。現在、立命館宇治中学校・高等学校教諭、立命館大学兼任講師、宇治城陽久御山地区労働組合協議会議長。
専門研究は山本宣治を中心とする近代日本社会運動史、近代日本移民史、平和教育学。
著書に『シリーズ戦争孤児』全5巻（汐文社）、『魯迅の愛した内山書店』（かもがわ出版）、『いじめる子』（文理閣）、『煌めきの章〜多喜二くんへ、山宣さんへ』（かもがわ出版）、『テロルの時代〜山宣暗殺者黒田保久二とその黒幕』（群青社）、『山本宣治〜人が輝くとき』（学習の友社）、『ポランの広場〜瓦解した「宮澤賢治の理想郷」』（かもがわ出版）、『新ぼくらの太平洋戦争』（同）、『ここから始める平和学』（つむぎ出版）、長編推理小説『パウリスタの風』（群青社・紫式部市民文化賞）、『「明治150年」に学んではいけないこと』（日本機関紙出版センター）など。

戦争孤児《せんそうこじ》——「駅《えき》の子《こ》」たちの思《おも》い

2016年2月25日　初　版
2018年9月25日　第2刷

著　者　本庄　豊
発行者　田所　稔

郵便番号　151-0051　東京都渋谷区千駄ヶ谷4-25-6
発行所　株式会社　新日本出版社
電話　03（3423）8402（営業）
03（3423）9323（編集）
info@shinnihon-net.co.jp
www.shinnihon-net.co.jp
振替番号　00130-0-13681
印刷・製本　光陽メディア

落丁・乱丁がありましたらおとりかえいたします。

JASRAC 出 1600122-802
ISBN978-4-406-05967-1　C0036　Printed in Japan